U0069319

001

樂
繽紛

# 到巴黎瑪黑找創意

文‧攝影／姚筱涵

樂果文化

原書名：拼貼創意‧瑪黑

# 自序

瑪黑區（Le Marais）？第一次聽到這個名詞是多年前在法文課上，老師提起她在巴黎的生活，最喜歡的就是在午後到瑪黑區逛街，那是巴黎最有設計感的小店集中區。因此初到巴黎，便花了五次以上的時間在此區溜達；而此次為本書的採訪，更是在瑪黑區穿梭幾百回。歧路交錯的瑪黑區，連當地人都會迷路的，卻也正是它有魅力的地方：穿過很巴黎的小巷弄後，竟發現一株盛開的櫻花樹；走向窄小的石板路，發現身旁一棟中世紀的建築。更別説那些百逛不厭的設計小店了，你總會找到一間愛店，流連不捨的翻找其中鍾愛的商品。

巴黎是許多人嚮往一生必要去一次的地方，於是行程如何規劃多少也影響了對巴黎的印象。我在本書裡推薦的商店，是針對那些喜歡設計、追求創新，總是有些與眾不同的獨特旅行者們，希望他們將這些商店添加在行程的安排當中，進而能了解巴黎不同的一面。當看過了艾菲爾鐵塔、羅浮宮、凱旋門這些時代建築，當踏出了香榭大道101號的LV大門、逛完了蒙恬大道一整條的名店街，如果想再多了解一點這座美麗的城市，多知道當地的設計師、工作室，多接觸法國人生活中的日常用品，那麼，請一定要來逛瑪黑區，因為這裡有最原創的設計師進駐，保存著巴黎最古老的建築群像，有各國風情的生活雜貨，也有最時尚的潮流名店。因此我們説，這是逛設計、玩生活、看時尚、學藝術，必備的瑪黑區指南。

這本書的完成，要感謝許多人。再次感謝蘇打綠主唱青峰義無反顧的支持，即使相隔兩地，電話那頭他的聲音依然教人想念；謝謝欣頻小姐的推薦，也謝謝書中五十家商店的全力配合，另外特別感謝克里斯學長，在時差七小時的線上他總是唯一能陪我説話的人。最後將本書獻給一直支持我的家人。

*isa*

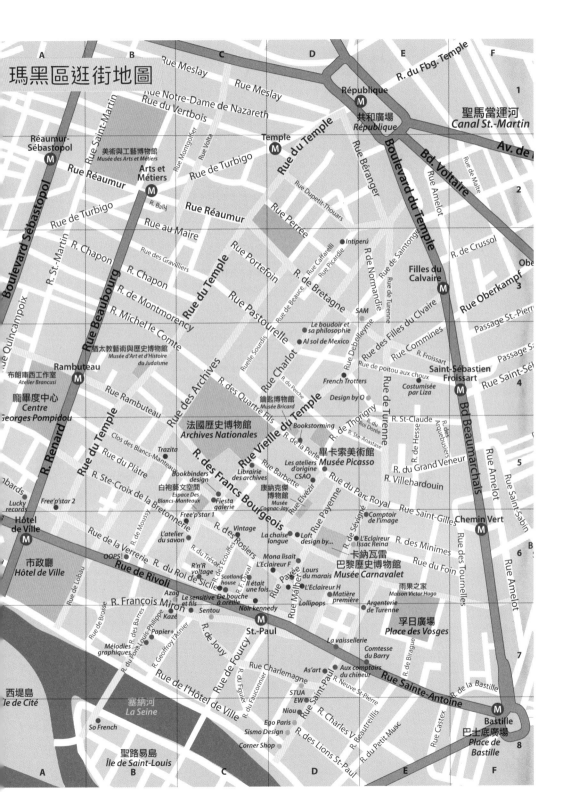

瑪黑區逛街地圖

A B C D E F

Rue Meslay
Rue Meslay
Rue Notre-Dame de Nazareth
Rue du Vertbois

R. du Fbg. Temple

République
共和廣場
République

聖馬當運河
Canal St.-Martin

Av. de

Réaumur-Sébastopol
M

美術與工藝博物館
Musée des Arts et Métiers

Arts et Métiers
M

Temple
M

Rue du Temple

Bd. Voltaire

Rue Réaumur

Rue Saint-Martin

Rue de Turbigo

Rue Montgolfier

Rue Volta

Rue de Turbigo

R. Bally

Rue au Maire

Rue Réaumur

Rue Perrée

Rue Bérenger

Rue Amelot

Rue de Malte

2

Boulevard du Temple

R. St.-Martin

R. Chapon

Rue des Gravilliers

Rue Dupetit-Thouars

Rue Caffarelli

Intiperú

R. de Crussol

R. Chapon

R. de Montmorency

R. Michel le Comte

Rue du Temple

Rue Portefoin

Rue Pastourelle

R. de Bretagne

Rue de Beauce

R. Picardie

R. de Normandie

Rue de Saintonge

Rue de Turenne

Filles du Calvaire
M

Rue Oberkampf

3

Boulevard Sébastopol

Rue de Turbigo

R. de Beaubourg

R. Quincampoix

Rue du Temple

SAM

Rue des Filles du Clvaire

Rue Commines

R. Froissart

Saint-Sébastien Froissart
M

Passage St.-Pierre

Passage Sa

Obe

4

猶太教藝術與歷史博物館
Musée d'Art et d'Histoire du Judaïsme

Rambuteau
M

布朗庫西工作室
Atelier Brancusi

龐畢度中心
Centre Georges Pompidou

Rue Rambuteau

Rue du Temple

R. Renard

Rue Vieille du Temple

Le boudoir et sa philosophie

Al sol de Mexico

Ruelle Sourdis

Rue Charlot

R. du Perche

French Trotters

Design by O

Rue de poitou aux choux

Rue Debelleyme

Costumisée par Liza

5

鐘匙博物館
Musée Bricard

法國歷史博物館
Archives Nationales

R. des Quartre Fils

R. des Archives

Bookstorming

R. de la Perle

R. du Parc Royal

R. St-Claude

R. de Thorigny

Il. de la Roi Dorée

R. Ste-Anastase

R. de Hesse

R. des Arquebusiers

Bd Beaumarchais

畢卡索美術館
Musée Picasso

R. du Grand Veneur

R. Villehardouin

Rue Saint-Sé

Clos des Blancs-Manteau

Trazita

Bookbinders design

Librairie des archives

Rue Barberte

Les ateliers d'origine

CSAC

Rue Elvézir

Rue Saint-Gilles

Chemin Vert
M

6

R. des Francs Bourgeois

R. du Plâtre

R. Ste-Croix de la Bretonnerie

白袍藝文空間
Espace Des Blancs-Manteaux

Fiesta galerie

康納克傑博物館
Musée Cognac-Jay

Loft design by...

L'Eclaireur Issac Reina

Comptoir de l'image

R. des Minimes

Rue Saint-Gilles

卡納瓦雷巴黎歷史博物館
Musée Carnavalet

Rue du Foin

Rue des Tournelles

Rue Amelot

Rue Saint-Sabin

Lucky records

Free'p'star 2

Hôtel de Ville
M

市政廳
Hôtel de Ville

Free'p'star 1

L'atelier du savon

Vintage

La chaise longue

Mona lisait

L'Eclaireur F

Rue du Parc Royal

R. de Sévigné

Rue Payenne

7

R. de la Verrerie

R. de Moussy

R. du Roi de Sicile

Rue de Rivoli

R'n'R voltage

Scotland house

Il était une fois...

Lours du marais

L'Eclaireur H

Matière première

Argenterie de Turenne

雨果之家
Maison Victor Hugo

R. de Braque

Rue Malher

Lollipops

Rue Payée

8

R. du Lobau

R. François Miron

Le sensitive et fils

Azag

Kazé

De bouche à oreille

Sentou

Noir kennedy

R. de Jouy

St.-Paul

Rue Saint-Paul

La vaissellerie

Comtesse du Barry

孚日廣場
Place des Vosges

西堤島
Île de Cité

Rue de Brosse

R. des Barres

R. de Geoffroy l'Asnier

Mélodies graphiques

R. cont. Louis Philippe

Papier+

R. de Fourcy

Rue Charlemagne

As'art

Aux comptoirs du chineur

Rue Sainte-Antoine

R. Neuve St-Pierre

R. de la Bastille

Bastille
M

巴士底廣場
Place de Bastille

塞納河
La Seine

Rue de l'Hôtel de Ville

R. du Figuier

R. du Fauconnier

STUA

EW

Niou

R. Charles V

R. Beautreillis

Rue Castex.

聖路易島
Île de Saint-Louis

So French

Ego Paris

Sismo Design

Corner Shop

R. des Lions St-Paul

R. du Petit Musc

A B C D E F

# contents 目錄

## Chapter1
## 設計衝浪
## DESIGN

## Chapter2
## 收藏生活
## ART DE VIVRE

# Chapter3
## 異國旅遊
### VOYAGE

# Chapter4
## 衣著原味
### LA MODE

# Chapter5
## 書寫藝術
### LA CULTURE

# Chapter6
## 有關瑪黑
### LE MARAIS

# Chapter 1
## design
### 設計衝浪

**DESIGN**

# AZAG
## 混搭至上的風格寶庫

AZAG一款創意日曆，手動調整日期

- 9, rue François Miron 75004 Paris　MAP B6
- ＋33 (0)1 48 04 08 18
- 週一至週六 11：00～19：00，週日休息
- www.azag.fr

　　商品更新頻率快速的 AZAG，像一本翻閱不膩的流行雜誌，充滿了瀏覽的新鮮與挖寶的樂趣。

　　AZAG，瑪黑區新鮮系小店之一，坐落於古老的法蘭索瓦米鴻街（Rue François-Miron）上，以販售各種設計品牌小物聞名。走過它精心佈置的櫥窗，你很難不被新進的商品吸引，而停下腳步瞧瞧。

　　AZAG 的精神是「混搭」主義，無論年代、不拘風格、不管新舊，只要AZAG認為有創意的物品皆能入選。好比八〇年代的復古相框、饒富現代主義風格的書架、女孩愛不釋手的兔子娃娃、日本風的小花剪紙、美國設計師的醜娃娃 Ugly Dolls 系列、小牛皮包、自然風的戒指項鍊、塗鴉式的便利貼……，只要對 AZAG 的味，它們都可以一同陳列架上。「這是我細心收藏的寶庫。」店長表示。

　　AZAG 的店名來自店長 Pierre Azagury 的姓氏，曾經擔任建築師與設計師的店長 Pierre，不僅有獨到的眼光，對物品與空間的融合使用更是特別有想法，也是他選擇AZAG 商品的原則之一。比如釘在牆上的掛衣鉤，不該只是個掛勾，如果能多些花紋，讓它不掛衣服時，自然而然成為牆上的藝術品；餐桌的桌布如果多些色彩，吃飯的心情可能就不一樣……，　AZAG 就是這麼一個值得尋寶的空間。

1.

2.

3.

4.

j'aime ça!

AZAG
L'ESPRIT DE MELANGER

GARDEN

店長設計的曲線花瓶

美國設計師的大小UGLY DOLL醜娃娃

左頁：
1.獨角仙圖案零錢包
2.日系風格筆記本
3.女孩也愛的兔子娃娃
4.UGLY DOLL系列

# CORNER SHOP
## 角落發光的創意

3, rue Saint-Paul 75004 Paris　MAP D8

＋33(0)1 42 77 50 88

週二至週六 11：00～19：00，週日、週一 14：30～19：00

　　位於聖保羅街（Rue Saint-Paul）的起始端一角，精心佈置的櫥窗有著來自世界各地設計師的作品，這是 CORNER SHOP，在角落發光的創意。

　　成立於2002年，CORNER SHOP 以專賣世界各地設計師的商品聞名。他們不在乎設計師的名氣，只講究產品是否有獨特的設計。並且，CONER SHOP 注意這些產品是否足夠生活化，希望讓消費者在購買之餘，能充分地使用在生活中，畢竟他們蒐集「用品」多於「藝術品」，希望讓我們的生活更有設計感與美學。你可能開始擔心產品是否都定價高昂、令人卻步？合理的定價也是 CORNER SHOP 對自己的要求，例如設計師 Sylvie Coquet 替 CONER SHOP 設計的 Limoges 花瓶，只

要 6.5 歐元；「加號」（vase plus）、「減號」（vase minus）小花瓶只要 8 歐元起跳；德國設計師 Ineke Hans 的 Bol&Cuillere 碗與湯匙的可愛組合，只要 16.5 歐元。

　　CORNER SHOP 在販售設計師商品的同時，也要求設計師替其專門打造些獨家商品，專屬於 CORNER SHOP，或是要求商品能讓 CORNER SHOP 比同行提早一段時間販售。例如 Kazuhiko Tomita，來自日本長崎的設計師所設計的 Tottotto 茶壺便是這裡的獨家；可貼於牆壁裝飾的花紋貼紙也有專屬於 CORNER SHOP 的設計；因此這裡的商品絕對是獨特又吸引人的。趕緊來 CORNER SHOP 尋寶吧！

CORNER SHOP精選商品：
1.Timor Table Calendar桌上手動日曆／Enzo Mari（103€）
2.Couteaux Cheese起士刀組／Peter&Era Morite（103€）
3.Tottotto茶壺／Kazuhiko Tomita（185€）
4.Bol&Cuillere湯匙碗／Ineke Hans（16.5€）
5.Sel&Poivre « Tenmoku » 椒鹽罐／Masahiro Mori（139€）
6.Cuit-Oeuf « Eiko » 蛋匙／Chirstina Shäfer（11.5€）
7.Sicamba茶壺墊／Kazuhiko Tomita（16.5€）
8.Vase plus, vase minus（9€, 8€）
9.Vase Limoges里摩日花瓶／Sylvie Coquet（6.5€）
10.Cuilleres à Moka小湯匙組／A,citterio&G.O.Cow（28€）
11.Giorgia茶壺／Ricci, Massimo-Parolin（79€）
12.Coquetier « Origo » 小杯組／Alfredo Häberli（12€）
13.E candle電子蠟燭／Jean Luc Le Deun（80€）

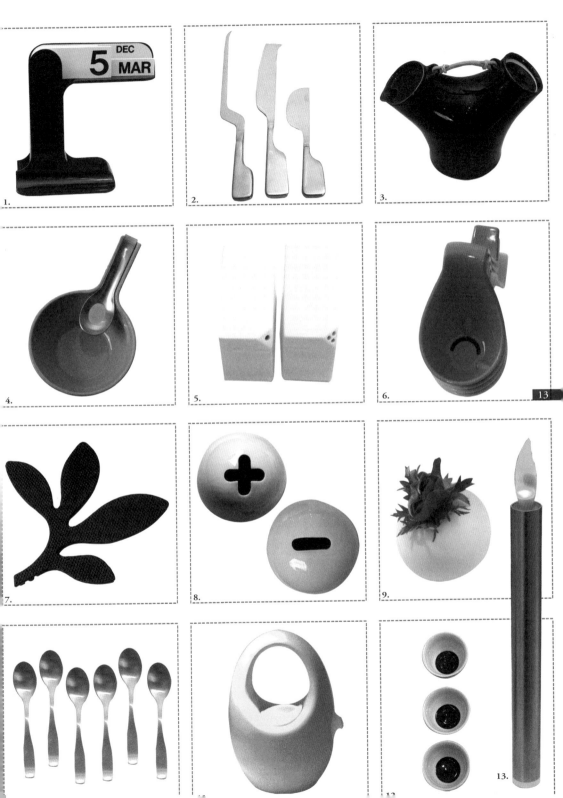

1.

2.

3.

4.

5.

6.

7.

8.

9.

13.

# DESIGN-BY-O
## 關於O的家具設計邏輯

🅰 3, rue Debelleyme 75003 Paris　MAP E4

📞 +33(0)1 48 87 55 68

🕐 參觀工作室需電洽預約

🌐 www.designbyo.fr

　　位於住宅之中的 DESIGN-BY-O 工作室，是由 Charlotte Arnal和 Francis Fèvre 創立於 1992 年的家具品牌。

　　DEIGN-BY-O關心我們如何生活，關心如何解決生活所需。他們不希望建立一個過於普羅的品牌，相反的，是更為特殊、與眾不同的，卻不是譁眾取寵。DESIGN-BY-O 的家具經常存有對生活的思考哲學，也就是說，在生活中遇到的難題，他們將答案轉換成解決問題的家具。因此在使用上它無疑是便利而融入生活中的，同時基於設計考量，它也是便於攜帶的。儘管擁有高度質感，他們並不希望自己同時是個過於高價的品牌，對於產品合理的定價是 DESIGN-BY-O 的自我要求。

　　DESIGN-BY-O的設計充滿了隨性，對於物件被使用的方式給予很高的自由度。喜歡怎麼擺設、怎麼利用都隨著你的創意而變，花瓶沒有一定拿來插花的道理，置物籐籃也可以翻過來當成小椅子用。甚至，DESIGN-BY-O 追求的是，物件不使用時，放置在那裡就自然成為一件藝術品。這個特點可以在他們2001 年的作品「les cousins」系列看見，螢光或單色系的半透明軟瓶，可以當筆筒、花瓶、置物筒等任何隨心所欲的用途，甚至就是擺放在櫃上做為裝飾。

　　為什麼 DESIGN-BY-O 不成立商店呢？「這樣才不用一天到晚顧店啊。」Charlotte 幽默地表示。把商品交給專業的家具商如 SENTOU 經營，而採取預約制度參觀工作室的方式，除了可以減輕每日會客的負擔，將空閒時間用作設計一途；更重要的是，能藉此讓人親身體會 DESIGN-BY-O 的家具是

15

右頁：

1. 線條俐落的Utu書架
2. 造型優美的Get up燈具
3. 可以邊吃飯邊看電視的 Léon小桌
4. 置物藤籃可以當椅子用

小篝造型的燈具

如何被使用於日常生活之中：一進門，你看到 Charlotte 的大衣掛在其設計的 Manto 掛衣鉤上；工作室的辦公桌，自然是 DESIGN-BY-O 的強化玻璃「IlO」桌；照明設備使用自家燈杆「Alum-barre」，簡易的造型，使用方式一貫自由，可縱可橫固定在牆上或地面；在桌椅旁擺一座燈具與連身鏡功能合併的「Alum-plateau」，在鏡中你看到「Toto」大方塊燈的鏡像，具未來感的發光造型。Toto 既有照明功能，也可以是你稍作休息的椅子（它一點也不發燙！），就坐在上面看一本取自「Utu」書架上的書吧。

　　DESIGN-BY-O如此豐富的產品系列，靈感是從何得來呢？「生活！」Charlotte 表示，生活裡到處都有靈感，看電影、聽音樂、甚至看一本外國人寫的書，都能找到啟發，畢竟家具是使用於生活之中，只要我們生活、思考，就能找到靈感；除了自己動動腦筋，多半時候她與伙伴 Francis 的對談也有所幫助，兩人的創意不斷擦出火花，誕生 DESIGN-BY-O 的系列作品。除了從生活裡尋找靈感，對世代間的觀察也是 Charlotte 創作的來源。她認為現今年輕世代，生活習慣比起上一代改變許多，例如用餐時間的縮短、飲食習慣的改變。「Léon」就是對此課題思考下的產品：圓形鐵架矮如小凳的高度，其上放置了一個大圓盤，怎麼使用呢？它的功用在幫助那些喜歡一邊進食一邊看電視的人們，不必再端著盤子到處找遙控器而手忙腳亂了！就將食物放置在圓盤裡，好好地坐在電視前面享受美食吧。當然聰明的 DESIGN-BY-O 不會侷限物件的用途，Léon 小桌也可以在其上放置小盆栽、花瓶，搭配其特殊的螢光色系，絕對會成為室內有特色的擺飾。

　　DESIGN-BY-O是法系血統的家具設計家，喜歡巴黎的你絕對不能錯過其精彩的設計。如今你可以在 SENTOU 家具館找到他們的產品，或直接到工作室訂購想要的物件。也許旅行者無法帶走家具，那麼推薦你「les cousins」系列的軟瓶，造型簡單而有設計感，有多色及大小規格可選。

1.

2.

3.

17

**DESIGN**

# EGO PARIS
## 量身訂作的概念家具

Ⓐ 7, rue Saint-Paul 75004 Paris　MAP D8

☎ ＋33(0)1 42 77 27 29

🕐 週二至週六 11：00～19：00，週一、週日休息

🌐 www.egoparis.com

EGO-Module Gauche

**本單元圖片提供**／ EGO Paris

「Mobilier Pour Soi」為個人量身訂作的家具，即是成立於 2004 年的 EGO Paris。

「Design, Excellence, Exclusive, et Une Pointe d'Audace。」具有設計感、卓越、獨家、並且是果敢的，這是 EGO Paris 的宣言。全系列家具設計出自於法國設計師 Thomas Sauvage 之手，是講究質感而精緻的法式高級家具。

EGO Paris的家具可分為 Première 和 Tandem 兩條路線，造型優美而經典，無論室內或戶外皆適合擺放他們的家具。注重用料的 EGO Paris，絕對不採用塑膠製品，而以各式玻璃、大理石、柚木做為主要材料。強調量身訂作的 EGO Paris，只需下單七件貨品以上，便能利用其家具軟體，自行設計家具指定用色。

如此講究、氣派而獨特的家具，自然是高級旅館或休閒飯店的最愛，EGO Paris 的客戶包含阿根廷首都布宜諾斯艾利斯的 Hyatt、摩納哥的旅館、Hilton 及杜拜的香格里拉大飯店等等，也許上回旅行時，你就曾坐在一張 EGO Paris 的太陽椅上享受日光浴呢！

成立於2006年四月的 EGO showroom是 EGO Paris 於法國唯一的展示空間，除了一樓明亮的展場外，地下室為一座十五世紀就存在的地窖，專門放置EGO Paris 現代化的系列家具。新舊對比之下有著分外特殊的空間感，頗值得參觀。

上左：EGO Paris全系列家具設計出自於法國設計師Thomas Sauvage之手
上右：EGO Paris的椅子與塞納河美景融為一體
下：EGO Paris在巴黎的SHOWROOM

# ISAAC REINA
## 來自巴塞隆納的經典皮件

🄰 38, rue de Sévigné 75003 Paris  MAP D6

☎ ＋33(0)1 42 78 81 95

🕐 週二至週六 11：00～19：30，週一、週日休息

🌐 www.isaacreina.com

ISAAC REINA的系列包包

ISAAC REINA來自巴塞隆納，設計師曾於HÉRMES旗下擔任設計工作，承傳名店的質感，是家專門設計製造皮件的精緻小店。

推開透明的玻璃門，店面不大的 ISAAC REINA，卻包含了所有皮件的展示區及辦公室、倉庫，是間專業的工作室。而迎面而來的牛皮氣息，展現產品用料絕佳。ISAAC REINA 的產品可分為各式大小的皮製文件夾、可扣在腰上的étui系列皮製腰包及主要產品如公事包、由郵差得到靈感的 tati 包、sac 48h 旅行包、sac shopping 購物包等，顏色以黑色為主，適合成熟的都會男女。ISAAC REINA 的概念是提供造型極簡而具有美學、質料頂級而工藝良好的用品，並可應用於生活。例如「Sac 48h」的概念，不用時可折疊收納、打開時容量超大的旅行包包，適合帶他出門度過48 小時，如週末的一趟小旅行；而「Sac Shopping」，是血拼的好幫手，可提可揹，讓購物更具有時尚感。

來自西班牙的ISAAC REINA，於巴塞隆納就讀建築與服裝，畢業後曾擔任男裝設計師五年，之後擔任HÉRMES的男裝設計師Veronique Nichanian助手八年。累積了豐富工作經驗，他於2006年正式開立自己的店，販售質感絕佳的牛皮包包。此外，在瑪黑區設計師大本營L'ECLAIREUR男裝部門、巴塞隆納也可以找到ISAAC REINA的包包。

可提可背的設計
Sac Shopping（350€）

血拼購物的好幫手
Sac Shopping（350€）

容量超大的48小時旅行包包Sac 48H（750€）

# SENTOU

## 走過半世紀的設計重鎮

🅐 29, rue François Miron 75004 Paris（家具館） MAP C7

☎ ＋33(0)1 42 78 50 60

🅐 26, boulevard Raspail 75007 Paris

☎ ＋33(0)1 45 49 00 05

🕐 週二至週五 11：00〜14：00 / 15：00〜19：00，週六 11：00-19：00，
　週一、週日休息

🌐 www.sentou.fr

Ronan & Erwan
設計的Box收納箱

SENTOU 如今可說是瑪黑區最重要的設計概念店之一，能被該店入選的商品皆是一時之選。

如今 SENTOU 在巴黎共有三家分店，瑪黑區有第一家家具館與生活館，第二家家具館與所屬書店則位於第七區。家具館一共分地面二樓與地下一樓，明亮寬敞的空間，擺放世界各地設計師們的作品：

・**Isamu Noguchi與其Akari系列燈具**：由洛杉磯出生、日美混血的景觀設計師 Isamu Noguchi 創作於 1951 至 1988 年，一系列「Akari」和紙燈籠。Akari 是日文中「燈」的意思，呈現和式風情和典雅的束瀛質感。

・**DESIGN-BY-O**：由 Charlotte Arnal與 Francis Fèvre 創立的法國家具家飾獨立品牌「DESIGN-BY-O」，在 SENTOU 你可看到其設計的 MANTO 壁上掛衣架、螢光色系的 LULU 桌、TOTO 方塊燈桌。

・**Ronan & Erwan Bouroullec**：法國設計師二人組 Ronan & Erwan Bouroullc，作品被收藏在紐約現代美術館、巴黎國立龐畢度中心、倫敦設計博物館、里斯本設計博物館、鹿特丹博物館等地，他們替SENTOU設計了一系列家具，例如具備實用功能的BOX 收納箱。

・**SENTOU Edition**：成立於 1997 年，本身也製造以 Art of living 為主題的產品，混合五〇年代與現代的風格。

在其管理期間與紐約野口勇協會談妥，獨家授權 SENTOU 代理其設計的系列燈具 AKARI；以設計具生活用品著名的 Tsé-Tsé Associées 也於 1992 年正式進駐 SENTOU 店內。跨出了家具領域，SENTOU 開始擁有更豐富的產品支線。Pierre並於 1997 年成立 SENTOU Édition，讓 SENTOU不再只是代理商，進而擁有本身的設計產品。2003 年，原為 SENTOU GALERIE 的店名正式改名為 SENTOU，除了國際化的野心，藝廊（GALERIE）一字的刪除也宣示 SENTOU 融入生活的設計。

100 Drine的彩色碗盤

100 Drine收納盒（小18€／大24

100 Drine筆記本（5€）

　　談起 SENTOU 的歷史淵源需回溯至1947 年，創始人 Robert Sentou 於法國西南部設立了一座家具工廠「佩里戈森林」（Bois de Périgord），他是首位販售名設計師作品的製造商之一，這亦是 SENTOU 後來對自身的定位。而後 1977 年，他在巴黎開立第一家 SENTOU 販售其製造的家具。在 SENTOU 的業務逐漸擴張發展後，Robert與兩位設計師創立 SENTOU GALERIE ，專門從事室內設計與裝潢。在1991年當他遇見甫自 École Boulle 畢業的初生之犢 Pierre Romanet，被其對設計的熱誠與技術感動，決定把 SENTOU 交給年輕的世代繼續創造巔峰。

　　Pierre 可說是 SENTOU 靈魂人物，

Tsé-Tsé Associées是由 Catherine Lévy和Sigolène Prébois兩位女性設計師所組成，1989年畢業於巴黎 ENSCI（國立高等工業設計學院）之後，她們開始替日常生活設計用品，例如花瓶、燈具、櫥窗、餐具、籃子、記事本、鏡子、雨傘、梳子、時鐘、平底鍋……，極富巧思與實用價值。曾接受ELLE DÉCO日版、英版、VOGUE等雜誌專訪。精彩而具設計感的網站也頗值得一看：www.tse-tse.com

垂掛式的懶人花瓶（150€）

23

有數種裝水方法的瓶中杯（53€）

Tsé-Tsé Associées的設計作品佔了重要地位。例如懶人花瓶Vase Paresseux，是垂掛式的透明玻璃花瓶、四月花瓶Vase d'avril，是21個試管組合而成的花瓶、Guirlande Cubiste立體燈泡串等。另外由設計師 Claudio Colucci所設計的瓶中杯，也是店內頗有創意的物件之一。

100 Drine系列，是帶有童趣的商品，熱門禮物的選擇，例如塗鴉風格的各式規格收納盒、筆記本、碗盤及玻璃杯等。

## ｛ISAMU NOGUCHI野口勇介紹｝

　　Isamu Noguchi（1904-1988）出生於洛杉磯，父親是日本詩人、母親則為美國作家。他從小在日本長大，直到1918年在印第安納州上中學。之後他在紐約市哥倫比亞大學讀預科，同時就讀Leonardo da Vinci Art School，他在巴黎拜師Constantin Brancusi，並曾赴北京與齊白石學習中國園林和山水。重要作品包含佇立在紐約市區的Red cube紅色立方體、札幌大通公園的漩渦型溜滑梯、法國聯合國教科文組織巴黎總部前的雕塑花園、日本廣島和平公園，原子彈爆炸殉難者紀念碑和拱形橋樑、紐約IBM總部前的花園，以及Akari系列燈具等等，可説是二十世紀最重要的藝術家之一，美國郵政總局甚至替他發行了一套紀念郵票。

■The Noguchi Museum野口勇博物館
地址：32-37 Vernon Boulevard, Long Island City, NY 11106。www.noguchi.org/

關於AKARI
1951年野口勇在建造廣島和平公園的旅程中，順道拜訪了岐阜縣，在那裡他受邀將傳統的紙燈籠賦予現代化的造型，由於這個契機，產生了後來一系列Akari燈具。

值得一提是SENTOU家具館
內的迴轉樓梯，是曾建造了
墨西哥地鐵與亞特蘭大TGV
的法籍設計師Roger Talion在
1974年的設計。

# SISMO DESIGN

## 為之震動的生活美學

Ⓐ 5, bis, rue Saint-Paul 75004 Paris　MAP D8

☎ ＋33(0)1 40 27 05 54

🕐 週一至週五 09：30～13：00 / 14：00～18：00，
　週六、週日休息

🌐 www.sismodesign.com

本單元圖片提供／ SISMO DESIGN

　　SISMO DESIGN，工作室位於新興的Saint-Paul藝術村（Village Saint-Paul）以新奇古怪的創意迅速獲得市場好評。

　　Antoine Fenoglio與Frédéric Lecourt在1996年組成了SISMO DESIGN，專門從事工業設計，曾服務過的客戶包括LANCEL的生活文具用品、PEUGEOT的椒鹽罐、ADIDAS的足球、Amorgos Édtion系列的造型椅、Patrick的球鞋、Raynaud的TIME 2餐盤組、Greenage的家具、Café Richard的咖啡杯、Bébé Confort的兒童餐盤組……。曾受多家媒體採訪：費家洛Le Figaro、ELLE DÉCO日版、ELLE Paris、A NOUS PARIS、Intramuros、Marie Claire、Wallpaper等，也曾於米蘭、紐約、東京、神戶、巴黎、巴塞隆納、阿姆斯特丹等地舉辦多次展覽。

　　客戶名單閃耀的SISMO，背後的創意自然相當吸引人。SISMO喜歡在作品中玩樂，用輕鬆的態度解決一些日常的小麻煩。你想喝杯茶，但茶包總是掉落杯中？「Time To」杯，在杯緣切了一個小口，專門放置茶包那條擾人的線，替你解決茶包老是掉落杯中的尷尬；想看電視卻不喜歡電視的造型破壞古典的室內氣氛？「TV Light」，巧妙地將電視藏在可拉開的立燈之中；夢想出外野餐卻得留在室內加班？「Pic Nic」打造一座室內公園，將綠地從窗口延

TV Light 將電視藏在可拉
開的立燈之中

Time To 杯解決茶包老是掉落杯中的尷尬

伸至室內。

　　生活中遍布源源不絕的創意，關鍵在於我們是否能敏感地察覺它。對於「Canette Cocktail」一個附了吸管的杯子，Frédéric覺得它早存在生活中，SISMO只是用另一種材質把它表現出來。的確轉個彎，動點腦筋，便是創意誕生的不二法門。高腳酒杯倒蓋再挖開一個洞，就成了不一樣的花瓶；由拼圖的概念演變成咖啡對杯的杯耳，讓人忍不住想要拼合在一起，適合與愛人一同享用。SISMO一直求新求變，對於如何發想創意，他們認為與客戶的對話是重要的，並藉由了解客戶、認識客戶怎麼看SISMO進而產生一些想法。「我認為每個人都有創意。」Frédéric表示，因此靈感來源是無窮的。

高腳杯倒蓋就是有創意的花瓶　　　　　　　　　　　　SISMO替RAYNAUD設計的餐盤組

　　SISMO來自法文SISMOLOGIE，意思是震動，在看到如此有設計感又貼近生活的作品後，他們的創意強震的確替生活打開了無限可能。而SISMO的LOGO，一隻吐火的小綿羊，把可愛的動物和危險的火連結在一起，也是SISMO一貫不按牌理出牌的創意思考方式。SISMO是逛瑪黑區絕不能錯過的重點好店，更重要的是，在RUE SAINT- PAUL的工作室裡，你可以將喜愛的產品帶回家，跟他們令人驚嘆的創意比起來，價格可說相當容易心動。

SISMO替LANCEL設計的文具

# STUA

## 入侵全世界的桌椅

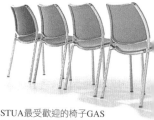

STUA最受歡迎的椅子GAS
**本單元圖片提供／** STUA

Ⓐ 7, rue Charlemagne 75004 Paris　MAP D7

☎ ＋33(0)1 40 29 02 02

🕐 週三至週五 11：00～19：00，週六、週日 12：00～19：00

Ⓦ www.stua.com

　　STUA 是由來自西班牙的設計師 Jesús Gasca創立於 1982 年的家具品牌。以經典的系列桌椅迅速將作品推廣至世界各地。

　　STUA 的哲學，是對於頂級美學與工藝品的構想與實踐，秉持創新與獨創的原則，不斷開創旗下產品。使 STUA 自同類產品中脫穎而出的，是其造型耐久度，在添加新創意的背後，STUA將家具建立在經典而現代的造型之上，使得它們更加永恆。

STUA 經典作品：

EGOA：1988 年由來自巴塞隆納的設計師Josep Mora 所設計，1990 年推出同款造型而改良為輪腳的設計。雖然出產年代離目前已有一段時間，但其造型仍能說是當代的經典款。絕對需要試坐一下 EOGA 來體驗它的舒適，它符合人體工學的設計能適合各種體型與身材。在西班牙Chillida博物館、Lerida 大學、法國的 Maison Architectecture等場地都選用 EGOA 椅子。曾入選1988年巴塞隆納 Delta Adi-Fad獎、墨爾本創新設計獎。

GLOBUS：外型討喜的 GLOBUS 由STUA創辦人 Jesús Gasca 於1994年設計，2004年再推出同款造型並可防水用於戶外的新作。椅背的幾何造型是令人眼睛一亮的地方。包含英國Est Est Est餐廳、紐約的EQUINOX健身中心、西班牙的Casaborne藝廊都選用GLOBUS做為他們室內家具的一部分。

GAS：輕盈造型、獲獎無數的 GAS 椅子是Jesús Gasca 替 STUA 帶來的另一項榮耀高峰。設計於2000年，曾獲頒 2002 年IF設計獎銀獎、2002 年 GOOD DESIGN 設計獎、2001 年 RED DOT 設計獎、入選2001 年巴塞隆納 Adi-fad。而 GLOBUS 也是STUA 在世界各地作品中可見度最高的

椅子。

　　STUA的SHOWROOM選擇坐落在瑪黑區新興的Saint-Paul藝術村（Village Saint-Paul），由Jacques Trédille主持。SHOWROOM位在一間十六世紀的建築中，還有一個十三世紀的地下室。古老的建築展示新科技的家具，獨有風味。

　　STUA的客戶幾乎遍布各大洲，包括西班牙瓦倫西亞科學藝術城、義大利San Stefano旅館、法國的Orange電信辦公室、德國柏林Estrel旅館、英國倫敦的Est Est Est餐廳、瑞士蘇黎世機場、斯洛伐克Triform藝廊、紐約Carlton旅館、日本長島Jazz Dream、馬來西亞的microsoft辦公室、澳門旅遊塔內會議中心與餐廳、韓國首爾Walkerhill旅館、巴西聖保羅Hyatt旅館、澳洲雪梨Cronulla海灘的Summer Salt餐廳、加拿大多倫多Spring Rolls餐廳……，看其極簡卻經典的系列，也就知道其暢銷全球的魅力。

29

DESIGN

# SAM CONCEPT STORE
## 設計小物概念店

(A) 35, rue de Bretagne75003 Paris　MAP E3

(T) ＋33(0)1 40 27 05 54

(H) 週二至週六 10：30～20：00 週日10：00～15：00

(W) www.samconceptstore.com

　　想找份充滿創意又不貴的設計商品，一定要到SAM來瞧瞧！

　　SAM這間充滿設計小物的概念店由Sacha Wolf、Aude Sartre、Yann Daninos三位朋友共同創立，一間有品味的時髦商店一直是三人共同的夢想，店址位在瑪黑區北邊熱鬧的布列塔尼街（Rue de Bretagne）上，70平方米的空間打造有如一棟公寓，有著廚房、客廳和浴室的區域，展示自各家設計師蒐集而來的創意新奇小物，重點是價錢也相當合理！

　　印有世界上名人鬍子的鉛筆組，讓你寫字也很有創意；鯨魚尾巴造型的書籤，讓它可以徜徉在書海裡；艾菲爾鐵塔怎麼變成兩座？原來是張創意明信片！作成手槍造型的木尺，帶去學校上課一定很有趣；寫完別急著丟的便利貼，還可以作成各種動物的摺紙造型。

　　SAM的創意商品自居家飾品、文具、家具、燈具、壁貼、樣樣俱全，挑選的原則以有趣、原創、有美感、實用為主，其中包含了常獲得最佳禮物大獎的英國品牌SUCK UK、法國雙人設計師品牌Atypyk、美國新奇商品品牌Fred的創意商品，到此逛逛一定能找到一份旅行的伴手禮。

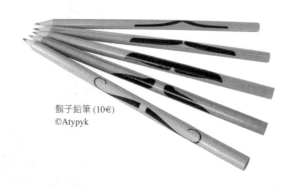

鬍子鉛筆 (10€)
©Atypyk

動物摺紙便利貼 (5€)
©SUCK UK

鯨魚書籤 (6€)
©Atypyk

手槍木尺 (10€)
©Atypyk

雙艾菲爾鐵塔明信片(1.5€)
©Atypyk

小説筆記本 (9€)
©Atypyk

寫在手上便利貼 (9€)
©Fred

日曆膠帶 (9€)
©SUCK UK

# Chapter 2

## ART DE VIVRE

### 收藏生活

# ARGENTERIE DE TURENNE
## 法式燭光晚餐的道具箱

🅰 19, rue de Turenne 75004 Paris　MAP E7

📞 ＋33(0)1 42 72 04 00

🕐 週二至週六 10：30～19：00，週一、週日休息

　　浪漫的法式燭光晚餐，是許多人夢寐以求的享受。但繁複的法式料理用餐程序，也往往令一般人卻步。到底正式的法式晚宴，需要哪些道具、餐具又該怎麼擺設呢？讓ARGENTERIE DE TURENNE告訴你。

　　ARGENTERIE DE TURENNE，一家專賣銀製餐具的小店，提供你所有燭光晚餐所需的道具，包含精緻的湯匙、點心匙、刀叉、碗盤、茶壺、燭台，甚至告訴你該如何擺設餐具的餐桌禮儀。如此高級的配備，價格卻是新品半價，因為這是間舊貨餐具店，甚至可說是論斤秤兩賣出，100 公克的餐具任選只要 6 歐元，若單支購買則是 5 歐元，在古老的天秤上以砝碼和銀器衡量也是一番樂趣。但店內也不乏高級成套餐具，上百歐元的經典餐具組合呈現優雅法式風情，可說是種類繁多任君挑選，一組法式銀製餐具該是行腳巴黎的禮物選擇之一。

ARGENTERIE DE TURENNE的店面明信片

A R G E N T E R I E   D E   T U R E N N E

AUX COMPTOIRS
DU CHINEUR

# 法國風奇趣古玩

**∧** 49, rue Saint-Paul 75004 Paris　MAP D7

**☎** ＋33(0)1 42 72 47 39

**⊬** 週二至週日 14：00～20：30，週一休息

　　位於Rue Saint-Paul的AUX COMPTOIRS DU CHINEUR，成立於2004年，店內凌亂攤滿五零到八零年代的物品，窄小的空間永遠擠滿人潮，在驚嘆之餘發現他們夢寐以求的物品。

　　「這裡沒有所謂的原則，收集這些東西全是為了自娛之用。」這是店長Laurent Missmood的宣言，以前曾是音樂製作人的店長頗有音樂人的隨性，時常跟著店內的黑膠唱機哼著歌曲，不管是貓王情歌或電子舞曲，都顯示這裡自在的情緒。收集的物品全是在巴黎找到的，從空軍帽、飛行眼鏡、豹皮寬邊帽、電子狗、倫敦牛、CHANEL的招牌、美式漫畫風的滑板、古老車牌、電話機、到別滿徽章的帽子……吊掛的燈呈現出不同的藝術風格，甚至還掛了一台附上收音棒的錄影機。

　　此外，喜愛音樂的店長也收藏許多二手的電子樂器，如電吉他、混音器等。他也提供給我們一張以前製作的音樂，名字正是MISSMOOD，放在386電腦時代的大張磁碟片套裡，格外具有創意風格，是電音舞曲的專輯。

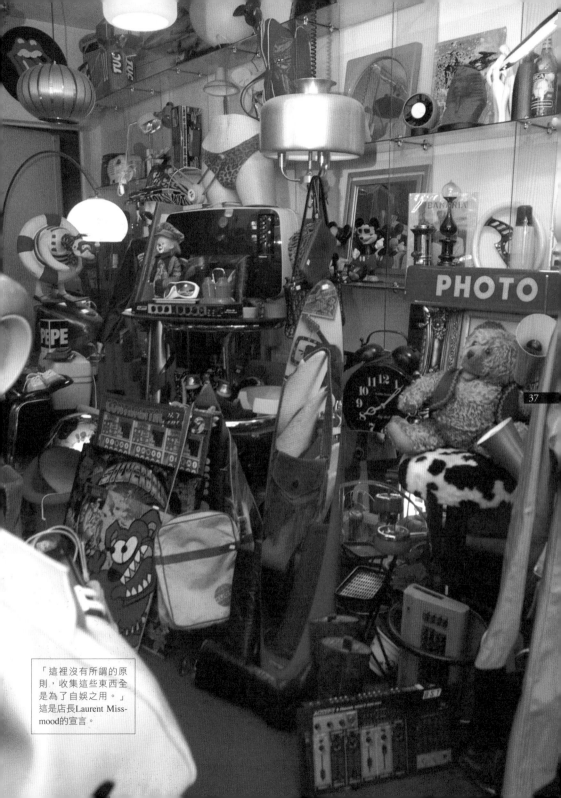

「這裡沒有所謂的原則，收集這些東西全是為了自娛之用。」這是店長Laurent Missmood的宣言。

# COMTESSE DU BARRY
## 巴利伯爵夫人的鵝肝醬

🅐 93, rue Saint-Antoine 75004 Paris　MAP E7

☎ ＋33(0)1 40 29 07 14

🕒 週一 14：30～19：30，週二至週六 10：00～13：00 /
　 14：30～19：30，週日休息

🌐 www.comtessedubarry.com

　　位於古老聖安東尼街（Rue Saint-Antoine）的巴
利伯爵夫人（COMTESSE DU BARRY）也一樣
具有歷史，即將屆滿百年，在法國擁有超過六十
家分店，COMTESSE DU BARRY 提供精緻的法
式食物禮品。包含明星商品鵝肝醬、鴨肝醬、各
式前菜、果醬、巧克力醬、相應的葡萄酒、香
檳。品牌的歷史故事源自1908年，創始人 Joseph
和 Gabrielle Dubarry 決心製作世界上最好的鵝肝
醬，因此創辦了 COMTESSE DU BARRY，商品
的 logo 是巴利伯爵夫人的肖像。曾獲得許多法國
知名獎項，是選購法式食品伴手禮的最佳選擇之
一。

位於巴黎的其他分店：

■1, rue de S?vres 75006 Paris
+33(0)1 45 48 32 04

■13, boulevard Haussmann 75009 Paris
+33(0)1 47 70 21 01

■317, rue de Vaugirard 75015 Paris
+33(0)1 42 50 90 13

■88 Bis, avenue Mozart 75016 Paris
+33(0)1 45 27 74 49

■5, rue Poncelet 75017 Paris
+33(0)1 43 80 33 34

ARTdeVIVRE

# DE BOUCHE À OREILLE
## 復古家飾浪潮

🅐 26, rue du Roi de Sicile 75004 Paris　MAP C6

☎ ＋33(0)1 44 61 07 03

🕐 週二至週六 11：30～19：00，週一、週日休息

　　DE BOUCHE À OREILLE，從嘴到耳朵，意思是口耳相傳。這是間帶有復古風的家飾店，以古老地圖製成的地球，為吸引目光的焦點。

　　成立於2000年的DE BOUCHE À OREILLE，由歐洲專業沙龍進口貨品，新舊皆有，例如地球儀、蠟燭與燭具、洛可可風的燈具等。店中最引人注目莫過於以古老地圖繪製的地球，分為黑白兩色，經緯分明，相當具有歷史感；已掉漆的一串鐵鑰匙，存有時間走過的痕跡，是妝點房間的好道具；這裡也能找到法國特產，如馬賽香皂（Savon Marseille）或手工果醬及相對應的杯子、湯匙。而跟隨每年流行變化的不同，也是DE BOUCHE À OREILLE選擇商品的原則之一，「今年流行的顏色仍是黑色，」店長Panel因此引進許多黑色系的家飾品、燈具，畢竟處在重視時尚的巴黎，得讓居家裝飾也跟上流行。此外，旅行中方便攜帶的紀念品，如復古的相框、掛飾也是熱門商品之選。

　　因秉持對居家裝飾的熱情，因而開設這間創意小店的店長Panel，認為這是一個混合的創意空間，結合各種風格的商品，同時也逐年變換。擁有採購裝飾物的經驗之餘，他們也有到府設計、室內裝潢的服務。

ART de VIVRE

# EW
# 巴黎舊貨大搜查

Ⓐ 21, rue Saint-Paul 75004 Paris　MAP D8

☎ ＋33(0)1 42 77 55 11

🕐 週一、週四至週日 11：30～13：00 / 14：30～19：00，
　週二、週三休息

　　EW，屬於Saint-Paul藝術村（Village Saint-Paul）
的古董舊貨店，昏黃的燈光照耀著經歲月侵蝕的
老舊家用品，在同樣古老的瑪黑區獨有一番風
味。

　　店名來自店長的名字縮寫，Eduardo Weckly，秉
持熱情於2000年開設這家收集十九、二十世紀舊
貨商品的小店。也許你喜歡逛跳蚤市場，卻不喜
歡人擠人的喧囂，那麼就來EW感受寧靜，慢慢回
想舊時代美好。店內盡是古老的木盒、小檯燈、
泛黃相片、典雅的摺扇、蕾絲手帕、手持小鏡、
斑駁的桌椅……配上牆上攀爬的葡萄藤，呈
現出古典迷人的氣氛，每樣舊貨都彷彿有
個故事可以訴說。
　　那麼，什麼樣的舊貨最能代表法國呢？
店長表示以存放鹽、糖、麵粉等調味罐為
主的系列用品，它們最常出現在法國居家
生活之中，因此最能代表蘭西風
情。「這是很典型的法國生活
用品，並且它們是用法文標
示！」EW 除了舊貨展示與
販售，櫥窗並可看到一幅畫家店
長的畫作，逼真寫實的畫風，乍看之下
讓人以為真有扇小門在那裡，稱為「Trompe
L'Oeil」欺眼畫。

EW，昏黃的燈光照耀著　經歲月侵蝕的老舊家用品，

E W

LES ANTIQUES QUALITES

ARTdeVIVRE

# IL ETAIT UNE FOIS...
## 打造你的精靈世界

🅰 6, rue Ferdinand Duval 75004 Paris　MAP C6

☎ +33(0)1 40 27 00 99

🕐 週一至週日 12：30～20：00，週二休息

🌐 www.iletaitunefois-paris.com

IL ÉTAIT UNE FOIS……，提供你一個充滿精靈的世界，是間充滿魔法與歡樂的主題商店。

設立於2004年，店長由於喜愛一切有關魔法的事物而開設這間店，從德國、義大利、美國、挪威等地旅行而尋找商品，一樓是精靈與巫婆們的世界，地下室則是聖誕節相關商品的寶庫。在店裡拍拍手，聲控的巫婆娃娃開始奸笑；不小心碰到地上的精靈娃娃，它開始奔跑。這是間童心未泯的店，不妨我們就這樣相信一次世界上魔法的存在。

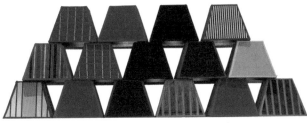

# LES ATELIERS D'ORIGINE

## 布料工作室

**A** 2, place de Thorigny 75003 Paris　MAP D5

**T** ＋33(0)1 44 54 98 99

**H** 週一至週日 10：00～19：00

居家的窗簾和燈罩總是買不到同樣的款式？「布料工作室」LES ATELIERS D'ORIGINE解決你的煩惱，一切有關居家的佈置，從窗簾到燈罩、甚至布包包或書本的外衣都有一系列的手工布料可供選擇。

成立於1996年，坐落在靠近畢卡索美術館的朵西尼廣場（PLACE DE THORIGNY），LES ATELIERS D'ORIGINE是一間專門以布料為主題創作的工作室。各式窗簾吊飾、燈罩、書皮、小包包、抱枕、地毯……，一切有關居家佈置裝飾的東西都可以在這裡找到，相當具有歐式風情。從事居家裝潢事業，客戶廣達莫斯科、美國等地的女店長Claire Orengo，在工作之餘開立這間小店，展示一切有關

室內擺飾的美學。店內的明星商品是手工製作的各式布包包，色彩繽紛相當吸引人，除了可以當臥房裡的裝飾品，也可以隨身帶出門，一個定價十歐元。此外各色豹紋與乳牛紋布料做成的書皮，也相當受歡迎。

明星商品的手工布包包

# L'ATELIER DU SAVON
## 入門奢華的天然香皂

🅰 29, rue Vieille du Temple 75004 Paris　MAP C6
☎ +33(0)1 44 54 06 10
🕐 週一至週日12：00～20：00（夏季）11：30～19：30（冬季），週二休息
🕐 www.savonparis.com

　「香皂不再只是香皂，而是入門奢華的鑰匙」。成立於1999年的L'ATELIER DU SAVON，是香皂加上香氣的唯一選擇，他們獨有南法製成、巴黎切割的手工香皂，包含 VOGUE、California Style、W、ALLURE 等流行雜誌都曾介紹推薦過其產品，也入選巴黎酷店 Cool Shops Paris。在美國擁有十六家分店，而加拿大、倫敦、漢堡、羅馬、紐約、巴黎也能找到他們獨一無二的香皂。

　不僅美食、飲酒、藝術……樣樣講究的法蘭西民族，自然也對沐浴這件日常所需之事加以要求，畢竟選對一塊香氣合宜又造型優美的香皂，也展現主人的生活美學。L'ATELIER DU SAVON 的產品可分為五大系列：

　· **Glycerine**：製成於南法、在巴黎切割的手工香皂，有各種天然香氣，如海藻、小黃瓜、金盞花、檸檬、薰衣草、桔子、葡萄柚、茶、玫瑰花等，透明的方塊中可見天然的素材，可視需求切割大小。洗後肌膚並不會乾澀，而除了沐浴的功能，迷人的香氣也可以芳香你的浴室、衣櫃。

　· **Loofah**：是店內特殊的明星產品，香皂結合磨石是沐浴的完美組合，能輕易去除死皮細胞，讓肌膚如更新過一般，香味的選擇如同手工香皂。

　· **Liquid**：L'ATELIER DU SAVON 也推出一系列對應香氣的沐浴乳，使用完後喜愛的香氣仍保存在你的肌膚上。

　· **Milled soap**：天然的香

Loofah具有按摩和芳香的功能

皂，使用了頂級植物油提
煉而成，溫柔的泡沫徹底清
潔肌膚而不乾澀。選擇有小
黃瓜、金盞花、薰衣草、葡萄
柚、玫瑰花、茶。

　·**Bougie**：具有天然香氣的蠟
燭是熱門的禮物，例如海藻、金
盞花、龍涎香、茶，可供燃燒五十
小時。

　店長 Marco Scarani 與 Virginie
Varennes 將心力專注在香皂上，提供
最多元、細緻、有質感的選擇，他們認
為香皂不只是拿來清潔、更可以芳香空
間，成為一個藝術品。此外，天然的香氣
來自植物、水果，因此與時令息息相關，
為此 L'ATELIER DU SAVON 也推出符合時
節的香皂。如此細心而專注於香皂開發事業
上，L'ATELIER DU SAVON 是巴黎首間「全
香皂」的商店，他們天然的香皂香氛和精緻的
包裝征服挑剔巴黎人的心。

ARTdeVIVRE

# LA CHAISE LONGUE
## 有關長椅的生活哲學

Ⓐ 20, rue des Francs-Bourgeois 75003 Paris　MAP D6
☎ ＋33(0)1 48 04 36 37
🕐 週一至週六 11：00～19：00，週日 14：00～19：00
Ⓦ www.chaiselongue.fr

　　創立於1990年的LA CHAISE LONGUE瑪
黑店，是富有創意與設計感的尋找禮物好
去處，並時常入選巴黎流行好店（PARIS
CHIC À PRIX CHOC 2007），可以發現新
奇卻價格不甚昂貴的商品。

　　LA CHAISE LONGUE是法文「長椅」的
意思，因為當初第一家店面成立時，剛好
位在一條叫Rue de la chaise的路上，也因為
這裡的商品多是由店長Pierre Bouvrain旅行
世界各地帶回來的，長椅是他休息、鬆
口氣的地方。

　「Bien Vivre」，美好活著，是
LA CHAISE LONGUE的精神，
販售商品從2歐元到800歐元都
有，超越兩千種以上具有創意
的廚房、浴室、生活用品、禮
物選擇，提供生活的美好提案。
例如紅唇造型的電話、魚造型的金屬
開瓶器、復古風的糖果罐、老鼠造型的
乳酪刀、頗有童趣的自動機器人、電動打
泡機、起士鍋的鍋具……等等，無論你想
替自己找份旅行的紀念品，或替朋友找生
日禮物，甚至只是單純逛街，都能找到
令你驚奇而會心一笑的物品。LA CHAISE

機器人（小6.9€ 中14.9€大16.9€）
復古糖果罐（25€）
老鼠造型鹽罐（15€）
乳酪刀與砧板組（15€）

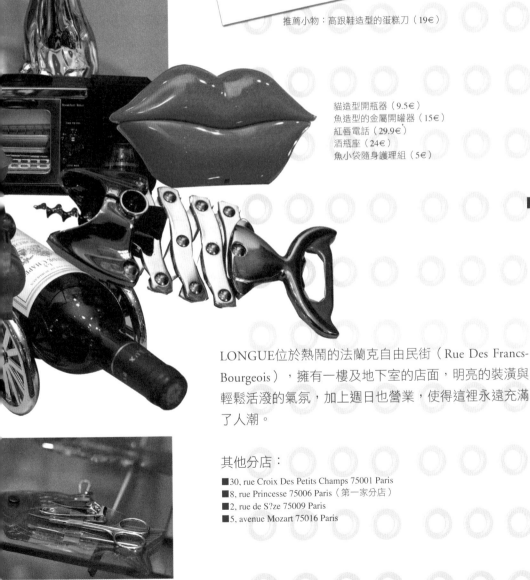

推薦小物：高跟鞋造型的蛋糕刀（19€）

貓造型開瓶器（9.5€）
魚造型的金屬開罐器（15€）
紅唇電話（29.9€）
酒瓶座（24€）
魚小袋隨身護理組（5€）

LONGUE位於熱鬧的法蘭克自由民街（Rue Des Francs-Bourgeois），擁有一樓及地下室的店面，明亮的裝潢與輕鬆活潑的氣氛，加上週日也營業，使得這裡永遠充滿了人潮。

其他分店：
■30, rue Croix Des Petits Champs 75001 Paris
■8, rue Princesse 75006 Paris（第一家分店）
■2, rue de S?ze 75009 Paris
■5, avenue Mozart 75016 Paris

# LA VAISSELLERIE
## 餐桌藝術的總匯

🄰 92, rue Saint-Antoine 75004 Paris　MAP D7

☎ +33(0)1 42 72 76 66

🄷 週一至週日 10：00～19：00

🆄 www.lavaissellerie.net

推薦小物：巴黎鐵塔造型的水果叉組，
以棍子麵包、可頌和鄉村麵包組成（10€）

　　關於桌上藝術盡在LA VAISSELLERIE。這是在巴黎擁有七間分店的餐具店，以精緻的餐具、高貴不貴的價格擄獲眾人的目光。

　　對餐具的講究是一種迷人的法式風情，閃耀的各式貴氣湯匙、點心匙、刀叉、酒瓶塞、甚至盛放咖哩、胡椒醬料的器皿、小巧蛋糕刀、筷架（貓狗造型1.5歐元起）……種類豐富、質地良好，讓人愛不釋手。此外，各式大小的白瓷盤餐具，例如適合盛放烤牛肉的大盤、沙拉碗、點心碟、烤盤、茶壺組、咖啡杯也是暢銷的用品之一。此外還有里摩（Limoges）瓷器、英式瓷器、刀具、玻璃製品、微波爐適用的餐盤等等，琳瑯滿目的商品讓人消磨許多逛街時光。店外露天展示架上，眾多低價卻質感不錯的商品也值得尋寶，例如霧狀玻璃碗只要1歐元、酥皮濃湯碗只要3歐元。

　　三十多年來，LA VAISSELLERIE一直是餐桌藝術的首選商店，店長Samy Eltabet從專業沙龍精選商品，注重產品品質與質感，提供超過千餘種的選擇。不妨就來這裡選一組餐具當作法國之旅的紀念品吧！包裝服務良好也是LA VAISSELLERIE的賣點，通常店員會問你「c'est pour offrir？（是送人的嗎？）ou pour vous？（或是您自己要的？）」店員將免費替你精美包裝。若是旅行途中因運送行李，需要多層覆蓋包裝也別忘了提醒店家替你服務。

49

其他分店：

■332, rue Saint-Honoré 75001 Paris
+33(0)1 42 60 64 50

■85, rue De Rennes 75006 Paris
+33(0)1 42 22 61 49

■80, boulevard Haussmann 75008 Paris
+33(0)1 45 22 32 47

■79, rue Saint-Lazare 75009 Paris
+33(0)1 42 85 07 27

■C.C.R. Créteil Soleil 94015
+33(0)1 49 80 06 57

■74, boulevard Bellechasse 94100 Saint-Maur
+33(0)1 49 76 92 62

# LE BOUDOIR
# ET SA PHILOSOPHIE

## 重現十八世紀貴婦小客廳

🅐 18, rue Charlot 75003 Paris　MAP D4

☎ ＋33(0)1 48 04 89 79

🕐 週二至週六 14：00～19：00，週一、週日休息

🆄 www.leboudoiretsaphilosophie.com

　　沒機會生活在十八世紀，就走一趟LE BOUDOIR ET SA PHILOSOPHIE，徹底感受上流社會的貴族風情。

　　BOUDOIR在法文中指的是十八世紀貴婦的小客廳，一個私人的社交空間，在那裡她宴請賓客喝下午茶與享用巧克力；和女賓們玩紙牌、互訴秘密；用鵝毛筆與玫瑰花信紙回信給心儀的貴族；試用香水、粉餅，把玩化妝箱內珍藏的珠寶；她也會有一把繡滿玫瑰花朵的陽傘，因為在那個世紀必須保持無瑕的潔白。

BOUDOIR ET SA PHILOSOPHIE的精緻商品

十八世紀風華提包，平時可收縮成小提袋，
展開時可作為週末旅行的大提包。（中：35€、大：45€）

　　而現在，店長 Carla Vizzi 重現十八世紀的風采，所有
在這個貴婦小客廳內的物品，你都可以在店內找到，例
如加以現代化改良的玫瑰花朵雨傘，保留過去的風情兼
具實用的價值；以及鑲著水鑽的小相框、可愛的手持小
鏡、當時流行的項圈珠寶、典雅尖頭鞋、適合野餐並可
收放的大提包；當然你也會在數種尺寸裡找到一個適合
攜帶的化妝箱。LE BOUDOIR ET SA PHILOSOPHIE 也
是藝術交流的園地，只有這裡能找到一位逝世於1977年
的美國畫家David Hill 的畫作。櫥窗定期更換展覽、擺
飾也是店長 Carla 用心之處。

　　此外店內頗熱門的商品，是替心愛的寵物繪製畫作，
只需提供寵物照片給店長，就有一位專門替BOUDOIR
ET SA PHILOSOPHIE 工作的畫家替你繪製畫作，特別
之處在於畫家替公狗加上十八世紀流行的蕾絲領巾與禮
服，而母狗則加上洋裝、珍珠項鍊，完全契合店內的風
格。這樣獨一無二的寵物畫作，要價900歐元，頗受上
流人士喜愛。

　　擔任裝飾藝術教學與工作的店長 Carla，對迷人的
十八世紀，也是最後一個手工藝的世紀非常感興趣，因
而在 2003 年開設了這家小店，「我希望給人一種這是
我的家、我的小宇宙的感覺。」的確，推開店門會有
種彷彿時光倒流的美麗錯覺。歡迎你也來Carla的小客
廳，與她一起尋找如同電影〈凡爾賽拜金女〉（Marie
Antoinette）的世界。

ART&VIVRE

# L'OURS DU MARAIS
## 瑪黑熊之家

⌂ 18, rue Pavée 75004 Paris　MAP D6

☎ +33(0)1 42 77 60 43

🕐 週二至週六 11：30～19：30，週日 14：00～19：30，週一休息

🔗 www.oursdumarais.com

　　玩偶熊是每個女孩必有的童年玩伴，擺滿各式各樣玩偶熊的L'OURS DU MARAIS，瑪黑熊之家，是一間夢境般的店，穿戴各種服裝、各式顏色、材質柔軟的熊慵懶的靠在一起，讓你想把它們通通抱回家。

　　創立於1999年的L'OURS DU MARAIS是專賣熊產品的店，知名品牌如Steiff、Deans、Bing、Clemens、Boyds、Hermann Spielwaren、Teddy-Hermann、Deb Canham 等等，都可以在這裡找到他們的熊產品。這間夢境般的商店，讓許多小孩或女孩走入店內發出

驚嘆！從疊滿了玩偶熊的熊堆中找出一隻夢寐以求的良伴。這裡的熊玩偶多半是女店長從美國、德國、比利時、荷蘭等地的專業沙龍或商店帶回來的；也收藏許多世界各地藝術家設計製作的熊，如拿著一根法國麵包，戴著畫家帽，代表法蘭西風情的 François 與 Maurice；此外也有 nounours 系列，以熊的服飾、包包、卡片、吊飾、小玩偶、碗盤等為主的商品。可說任何與熊有關的事物，都是 L'OURS DU MARAIS 感興趣的。

bonjour!

推薦小物：由Dominique Champagnon設計的François與

CHEZ LES OURS DU MARAIS

　談起為何開設這家店，店長表示當初想要以一個主題來開店，剛好英國收集熊的風氣已經盛行多年，因此想在法國開設一家以熊為主題的專賣店，「當然也因為我本身非常喜愛熊的緣故」，店長表示。從小孩到成人，走進這家店裡時都一樣發出驚嘆，因為無邪的玩偶替世界保留了一點純真和童趣的夢幻。店內有一隻和店齡一樣的老玩偶熊，那時流行的熊質地微硬，不如今日有若棉花糖般軟綿綿的熊，熊也和流行一樣成長、變換著，就來這裡挑隻喜愛的熊，回憶童年吧。

# LUCKY RECORDS
## 瑪丹娜主義

Ⓐ 66, rue de La Verrerie 75004 Paris　MAP A5

☎ ＋33(0)1 42 72 74 13

🕐 週二至週六 12：00〜19：30，週一、週日休息

Ⓦ www.lucky-records.com

　　瑪丹娜傳奇在巴黎蔓延，LUCKY RECORDS是間瑪丹娜頭號歌迷創立的音樂專賣店，位於RUE DE LA VERRERIE，中世紀時右岸最重要的街道之一，專賣娜姐的專輯、DVD、黑膠唱片、海報、雜誌、徽章及各式限定商品。

　　創立於1991年，George Vidal、Maurice Robert、Christophe Coatanoan是LUCKY RECORDS的創始元老，而其中又以已逝的Christophe Coatanoan為瑪丹娜的頭號歌迷，收藏自世界各地無數相關瑪丹娜的商品。店裡掛著一張黑膠唱片造型的廣告物，是瑪丹娜第一張同名專輯於日本的店頭宣傳品，十分珍貴；而一口粉紅色的箱子加上帽子，是瑪丹娜MUSIC音樂聖堂專輯的限定商品，一般人無法購買的到，是店家珍藏。此外，與SPOTLIGHT雜誌合作，定期推出瑪丹娜的介紹雜誌，是LUCKY RECORDS的熱賣商品。店長特別跟我們推薦瑪丹娜第十四張專輯「光芒萬丈」（Ray Of Light），認為是瑪丹娜眾多專輯中，頗值得一聽的首選。

　　除了瑪丹娜，LUCKY RECORDS也關注其他流行音樂歌手，例如法國歌手瑪蓮法莫（Mylene Farmer）、席琳狄翁（Céline Dion）、愛麗潔（Alizée）、凡妮莎（Vanessa Paradis）、雪兒薇瓦丹（Sylvie Vartan）、法蘭索瓦哈蒂（Françoise Hardy）、冰島歌手碧玉（Bjork）、英國歌手羅比威廉斯（Robbie Williams）、芭娜娜拉瑪（Bananarama）、寵物店男孩（Pet Shop boys）、澳大利亞歌手凱利米洛（Kylie Minogue）、丹妮米洛（Dannii Minogue）、美國歌手布蘭妮（Britney Spears）等等。線上並可訂購專輯、商品，還可以看到眾多明星簽給LUCKY-RECORDS的簽名。

# MATIERE PREMIERE
## 愛上手工珠寶材料

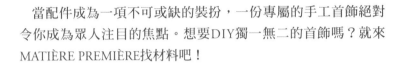

🅐 12, rue de Sévigné 75004 Paris　MAP D6

☎ ＋33(0)1 42 78 40 87

🕐 週一至週六 11：00～19：30，週日 15：00～19：00

🌐 www.matierepremiere.fr

55

　　當配件成為一項不可或缺的裝扮，一份專屬的手工首飾絕對令你成為眾人注目的焦點。想要DIY獨一無二的首飾嗎？就來MATIÈRE PREMIÈRE找材料吧！

　　提供超過3000種以上選擇的手工DIY珠寶材料店MATIÈRE PREMIÈRE，隨著每季流行的變化，材料也不斷更新，包含施華洛士奇水晶、波西米亞、洛可可風玻璃、珍珠、金屬、木頭等，甚至中國風的景泰藍珠珠也可以找到。此外應用工具也一應俱全，例如專用剪刀、線材、戒指與耳環的基本底座等，並有書籍可供你參考靈感。

　　店長Jean-Jacques Miette秉持對流行業與材料的熱情與了解，於1991年開設了這家創意小店，「材料可能是不變的，但是我們可以變換它的組合方式」，店長表示，隨著每季流行的單品不同，MATIÈRE PREMIÈRE也推出不同的搭配方式，例如去年流行戒指，今年流行帶有民族風的長項鍊。店內除了可以任選DIY的配件，也有由店家工作室設計製造的現成品，例如戒指、項鍊、耳環及美麗的燈飾，若有任何製作上的問題也可以詢問店員。也可以透過上網訂購這些配件，網站上並有流程圖解如何DIY。就為自己打造一條首飾做為巴黎的美好記憶。

推薦小物：讓我們來DIY戒指！
（材料費約45€）

ARTdeVIVRE

# NIOU
## 打開童年的藏寶箱

🅰 11, rue Saint-Paul 75004 Paris   MAP D8

🍴 ＋33(0)1 48 87 24 21

🕐 週二至週六11：00～19：30，週日14：00～19：30

🌐 www.niou.fr

　　新鮮事物，盡在NIOU。屬於Saint- Paul藝術村的一員，充滿童趣的商店，各式可愛新奇的玩具，不僅小孩喜愛，大人也上癮。

　　NIOU？法文字典裡並沒有這個字，原來它是英文「NEW」用法文拼音寫成，這裡充滿許多跟店名一樣逗趣的商品，例如法國設計師所設計一系列以動物為靈感的造型包包，如章魚、河豚小提、老虎錢包等等，價格合理、設計新奇是禮物的好選擇；此外以蜜蜂外型為靈感的毛帽，戴在北鼻頭上可愛極了！各式洗澡用的小玩具、沐浴乳，也是

4.

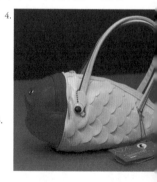

3.

1.

2.

5.

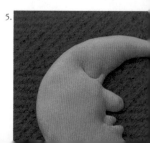

在NIOU展出的Touï-Touï的玩偶裝置藝術

1.Poulpozeudor錢包（19.5€）
2.Tutanfish零錢包（14.5€）
3.手指套動物（9.5€）
4.Onondufish小包（24€）
5.月亮玩偶（18€）
6.來自瑞典的飛鼠披肩，是明星商品
7.熱門的蜜蜂帽（26€）
8.Fauve-monnaie老虎零錢包（9.5€）
9.各式水中玩具（7.5€）
10.Fishbole（23€）

57

媽媽們的心動小物；值得一提是一件飛鼠造型的小棉被，來自瑞典一家手工藝店，限量生產的關係常常貨到就銷售一空！

　　店長Frédérik Philizot秉持「NEW」的原則，所以NIOU幾乎每天更新商品，不時從斯堪地那維亞、德國等地進口玩具，提供不同於法國的視野。「雖說是玩具，但其實是適合全部年齡的人！」頗有童心的店長如此表示。此外店內並設有藝廊，定期展出相關的展覽。

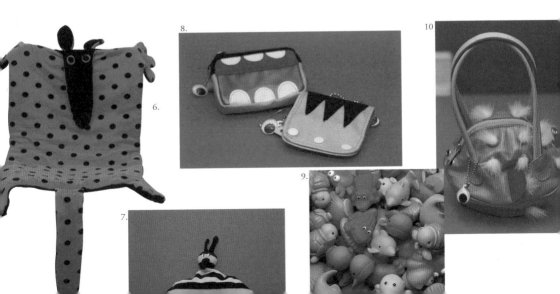

ARTdeVIVRE

# OOPS!
## 新奇小物大進擊

Ⓐ 3, rue des Mauvais Garcons 75004 Paris　MAP B6

☎ ＋33(0)1 42 71 28 18

🕐 週一至週六 11：30～19：30，週日 12：30～19：30

🌐 www.oopshome.com

OOPS !
TOUJOURS
DES
NOUVELLES
CHOSES

Oops！一家讓你發出驚嘆的創意禮品小店，從生活用品到家飾家具，創意物件配上合理的價格，等於完美的必逛愛店！

2001年於巴黎開設第一家分店的Oops！宗旨在提供你「有感覺」的商品，同時又兼具實用功能。採購團隊定期旅行各大流行城市，包含米蘭、倫敦、巴黎、巴塞隆納與美國等地沙龍，帶回旅途中發現的驚奇。例如老鼠造型金屬計時器、球型菸灰缸、動物造型memo夾、能夠養殖的神奇蛋等等，目的在讓你逛街時發出驚嘆。

粉紅毛毛電話是注目商品，復古造型配上新潮裝飾是人氣焦點；頗有設計感的「2」字型的水果架，兼具實用價值，將圓形的水果如蘋果、柳橙、水梨投入架中，需取用時再從下方拿取，即使空置時也是居家佈置的好物件。

其他分店：

■ 26, rue de Rochechouart 75009 Paris
+33(0)1 53 16 17 88

■ 70, rue Mouffetard 75005 Paris
+33(0)1 43 36 25 31

1.老鼠造型計時器（6€）
2.2字造型水果架（13.5€）
3.粉紅毛毛電話是注目商品（30€）
4.動物造型名片夾（4€）
5.動物擺飾名片夾（5€）
6.神奇蛋（7€）
7.小酒杯組（10€）
8.青蛙造型零錢包（7.5€）
9.新奇好玩的蒼蠅拍（12€）
10.球型煙灰缸（10€）

推薦小物：由法國設計師設計的彩色花紋壁飾，是讓房間煥然一新的秘密，主要以花朵造型為主而有各種色彩可供選擇（小9€、大35€）

ARTdeVIVRE

# R'N'R VOLTAGE
## 搖滾重伏特

**A** 23, rue de Roi de Sicile 75004 Paris　MAP C6

**T** +33(0)1 42 74 64 19

**P** 週一至週六 11：00～19：30，週日休息

　　成立於1989年的R'N'R VOLTAGE，是瑪黑僅有的重金屬搖滾黑膠唱片、CD、DVD店，專門開放給搖滾成癮一族，不管是死亡金屬、黑金屬、華麗金屬、新古典金屬、前衛金屬或龐克，絕對是重口味的音樂選擇。

　　在招牌是噴漆塗鴉，頗有搖滾風的R'N'R VOLTAGE，你可以找到一些搖滾知名團體如史密斯飛船（Aerosmith）、AC/DC、槍與玫瑰（Guns'n'Roses）、深紫（Deep purple）、Kiss、鐵娘子（Iron Maiden）、天蠍（Scorpions）、幽浮（UFO）、超脫（Nirvana）、伊凡賽斯（Evanescence）、崆樂團（Korn）、聯合公園（Linkin Park）、瑪麗蓮曼森（Marilyn Manson）、搖滾小子（Kid rock）等等，也可以找到Black Metal、French Metal的唱片、及一些獨立品牌，新品價格約在15€左右。就請店長Arnoud推薦你一張喜歡的搖滾音樂吧。此外，這裡也可以找到相關的週邊產品、玩具、公仔、T恤，可說是搖滾迷不可錯過的好店。

# Chapter 3

## ∽VOYAGE∽

異國旅遊

AL SOL DE MEXICO

AS'ART

CSAO

FIESTA GALERIE

INTIPERÚ

LE SENSITIVE ET FILS

KAZÉ

SO FRENCH

# AL SOL DE MEXICO

## 直擊墨西哥

Ⓐ 18, rue Charlot 75003 Paris　MAP D4

☏ ＋33(0)1 40 29 41 52

🕘 週二至週六 11：30～19：00，週一、週日休息

🌐 www.alsoldemexico.com

　　位於南、北美洲中央的「路上橋樑」墨西哥，是孕育包括瑪雅、阿茲提克等印地安古老文明的中心。現在於巴黎瑪黑區你就可以找到與墨西哥相關的事物，盡在AL SOL DE MEXICO！

　　說起AL SOL DE MEXICO的歷史，是段跨國戀情產生的美好結果，法國人與墨西哥人相戀而開設這家店，提供墨西哥的銀製品、珠寶、面具、餐具、擺飾、香料、布料、鏡子、吊床等等製品，目的讓更多的人認識、喜愛墨西哥文化。店內的產品100%與當地藝術家聯絡、接洽，並進口，可說是原味十足的墨西哥風情。想了解墨西哥除了仙人掌、豔陽、和玉米脆片外，還保存些什麼藝術文化，趕緊來AL SOL DE MEXICO走一趟吧。逛店之餘，想品嚐墨西哥美食如法士達（fajitas）嗎？店長推薦我們一間墨西哥餐廳「Ay Caramba」，地址就在59 RUE MOUZAÏA 75019 PARIS，有著音樂伴奏的墨西哥餐廳，套餐26歐元起跳。

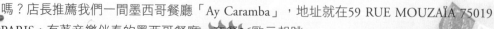

LE VOYAGE D'AFRIQUE

VOYAGE

# AS'ART
## 非洲小天地

Ⓐ 35, rue Saint-Paul 75004 Paris
MAP D7

☎ +33(0)1 44 88 90 44

🕐 週二至週六 11：30～19：00，

🌐 www.asart.fr

來到Saint-Paul小巷內35號，一定有一家櫥窗特別吸引你：特殊的材質做成的各式動物造型擺飾、雕刻、小物……這是AS'ART，有關非洲的藝術商店。

成立於1991年，AS'ART專門販售來自非洲肯亞、莫三鼻克、南非、伊索匹亞等地藝術家作品，例如以各式動物為造型靈感的長頸鹿擺飾，或以彩珠縫製而成的彩牛，也有以塑膠製成的迷你豬。讓你彷彿旅遊在廣闊的大地間，欣賞這些純真可愛的動物們。

# CSAO

## 位於瑪黑區中的小非洲

**⋀** 9, rue Elzévir 75003 Paris　MAP D5

**☏** ＋33(0)1 42 71 33 17

**🕐** 週一至週六 11：00～19：00，週日 14：00～19：00

**🌐** www.csao.fr

　　RUE ELZÉVIR是開鑿於十六世紀的道路，如今此路上林立五家與非洲相關的商店，儼然是個「小非洲區」，這五家商店分別是No.9的CSAO商店、No.15藝廊、No.9辦公室、No.6的Le Petit Dakar餐廳與No.5的Le Jokko酒吧。

　　談起CSAO的歷史，要從女店長Valérie Schlumberger在西非的經歷說起。當她僅十六歲時便已經與賽內加爾結緣，後來在首都達卡（Dakar），成立了一個服裝與染布的工作室，因此她結識許多非洲藝術家、雕刻家與畫家，這也是後來1995年她創辦CSAO的起源。CSAO指的是Compagnie du Sénégal et de l'Afrique de l'Ouest，西非與賽內加爾的公司，目的在於推廣非洲的產品，並且讓大家認識長期以來與CSAO合作的非洲藝術家與手工藝家。同時Valérie

**NIGERIAN PEARL CHAIRS尼日珍珠椅**

在約魯巴人（Yorba）的傳統裡，他們認為珍珠具有強化心靈的力量，因此僅有國王或神職人員能利用其製品來與先人或神進行溝通。

十九世紀工業革命後，生活方式的改變也使得珍珠有了新的使用方式。幸好傳統的手工藝仍被良好的保存著，藝術家將珍珠縫製在椅子上，成為獨特的藝術品。每一種珍珠的顏色都有其代表的神，它們所構成的圖案大部分是人、動物或植物。

也成立ASAO，一個協助非洲兒童與解決環境問題的組織。1996年CSAO正式進軍瑪黑區，在RUE ELZÉVIR開店，販售來自非洲國家的商品，2000年開立餐廳Le Petit Dakar，2003年開立Le Jokko酒吧。

各式花紋的尼日珍珠椅

　　在CSAO商店，你可以找到來自非洲的布料、桌椅、回收再製品、塑膠地毯、草席、藤編製品、首飾、手環、書籍、音樂，帶有鮮豔的色彩和手工質感，100%由店長與非洲當地藝術家聯繫，而直接進口法國。過去因殖民而與法國關係密切的非洲，如今因為CSAO再度連線，讓你不必遠度重洋，在巴黎就能夠感受非洲的文化、美食與藝術。

### LE JOKKO

**⋏** 5, rue Elzévir 75003 Paris

**☎** ＋33(0)1 42 74 35 96

　LE JOKKO是間酒吧，有著
現場表演的舞台，是適合與朋
友聽音樂、喝點小酒的地方。

### LE PETIT DAKAR小達卡

**⋏** 6, rue Elzévir 75003 Paris

**☎** ＋33(0)1 44 59 34 74

　達卡是賽內加爾的的首都，
「小達卡」餐廳提供賽內加爾
與非洲的料理，前菜有沙拉、
鱈魚、蟹肉、小島香腸、蝦餅
等，一律七歐元；主菜的選擇
包括鯛魚拌飯、檸檬雞、燉鯛
魚、花生醬小牛肉、肉串等，
價格在十三至十四歐元左右。
店長特別推薦雞肉料理，有著
賽內加爾的風味。

### GALERIE 3A

**⋏** 9&15, rue Elzévir 75003 Paris

　藝廊提供非洲藝術品的介
紹與展示。

# FIESTA GALERIE
## 五〇年代美式舊貨藝廊

🅰 45, rue Vieille du Temple 75004 Paris　MAP C5

☎ ＋33(0)1 42 71 53 34

🕐 週一至週六 12：00～19：00，週日 14：00～19：00

🌐 www.fiesta-galerie.fr

　　女店長Marie旅行世界各地，打造五〇至七〇
年代的美國風情，創立至今十二年的FIESTA藝
廊，收藏有各種美式舊貨藝品。

　　FIESTA GALERIE主要商品分別為家具、新
奇商品、舊貨、藝術品等四大類商品。家具以
沙發、桌椅、燈具為主；新奇商品類則有ET雕
像、冰淇淋造型的霓虹燈、美國大樓造型的燈
具、五〇年代的古老時鐘、美人魚造型擺飾；舊
貨類則收集老式的腳踏車、電話、招牌等，像老
電影中才會出現的物品；而藝術品則有三位藝
術家，分別是Mesnager、Benoit Montet、Lorenzo
Boldy的作品。特別推薦以FLASH寫成的線上藝
廊網站，可詳細閱覽店內收藏，也可得知物品是
否已賣出，就算無法到當地購買，先上網參觀
吧。

67

# INTIPERU
## 登陸秘魯 印加古文明的國度

🅐 17, rue de Picardie 75003 Paris　MAP D3

🅣 +33(0)8 71 75 95 75

🅗 週二至週日 11：00～20：00，週一休息

🅦 www.intiperu.com

　　秘魯，神秘的印加文明古國，現在在巴黎瑪黑區揭露面紗。故事從2000年，一位旅行秘魯的法國人 Frédéric Rival 與秘魯人 Richard Silva Lindo 相戀進而一同來到法國開始。

　　在法國生活後，Richard 卻十分想念離法國遙遠的秘魯，因此在2004年 Frédéric和Richard決定開設這間 INTIPERÚ，對他們來説是「小秘魯」的店，95% 商品由秘魯直接進口，剩餘的5%則購自歐洲各地的秘魯人。你可以找到秘魯美食，包含如何烹飪的食譜、及特殊的調味料如辣椒粉，店長也推薦你巴黎一家秘魯餐

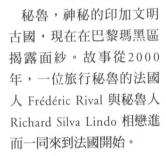

廳EL CHALAN，有著接近秘魯當地菜餚的美味，擺盤的美學也是店長極力推薦這家餐廳的原因；當然也不可錯過秘魯的國酒PISCO，每年二月的第一個星期六，在 INTIPERÚ 店內舉行PISCO PARTY，小小的店面與地下室竟然擠進了五百人一起狂歡！在PARTY裡秘魯人與各地人交流，可能是嚮往秘魯的風景已久，或是剛從秘魯旅遊回來，當他們可以討論怎麼烹飪秘魯菜的魚類料理長達三小時之久，你就知道秘魯文化是如何豐富！

　　談起秘魯的驕傲，店長拿出一瓶金黃色的 INCA KOLA，「秘魯是世界上唯一可口可樂無法推廣的地方。」Frédéric 表示，因此可口可樂公司只好跟秘魯人購買 INCA KOLA，屈居於瓶身上的一行小字。金黃色的INCA KOLA有著芬芳和氣泡感，是到秘魯餐廳中必點的飲料。另一種秘魯人愛用的是由紫玉米提煉的紫色飲料，也可以在這裡找到可供沖泡三公升的便利包。至於談到秘魯的特殊產品，法國人愛吃蝸牛，秘魯人則用蝸牛唾液磨為粉做為美容用；此外這裡也有秘魯國寶MACA，亦稱為南美人蔘的天然食品，具有媲美威而剛的效果，也讓美國人垂涎不已。

V O Y A G E   D E   P É R O U

**1.**秘魯的印加可樂
**2.**秘魯國酒**PISCO**
**3.**紫玉米粉可沖泡做為飲料
**4.**秘魯國寶**MACA**

INTIPERÚ同時也是秘魯旅遊諮詢處，因為秘魯在巴黎並沒有這樣的官方機構可處理遊客的疑問，因此Frédéric藉由對秘魯的認識、喜愛，在店內地下室的小空間中，擺放了秘魯的相關書籍、攝影集及影片，你可以拿到秘魯各地的簡介、地圖，以及詢問店長以獲得相關旅遊資訊，尤其對自助旅行的旅者獲益很大。此外也設有秘魯藝廊，定期展出與秘魯相關的藝術作品，包括秘魯的藝術家，或是外國人旅行秘魯的攝影照片、替秘魯風景繪製的畫作……等等，一年定期更換四到五次。

■秘魯餐廳EL CHALAN
6, rue Lefebvre 75015 Paris
MÉTRO PORTE DE VERSAILLES
＋33(0)1 48 56 16 15

VOYAGE

# LE SENSITIVE ET FILS
## 越南的孩子

Ⓐ 23, rue François Miron 75004 Paris　MAP C7

☎ +33(0)1 48 87 67 08

　　充滿濃濃的中國風情，是LE SNSITIVE ET FILS大受歡迎的原因！

　　不管異地遊子想念中國風的小物、或是外國人嘗鮮想找找中式旗袍，他們都能在LE SENSITIVE ET FILS得到滿足。店長從越南、中國等地挑選特色商品，例如「囍」字蠟燭、紅花布袋等等具有中國風情的小物，價錢合理也是大家心動的因素。

🅰 11, rue François Miron 75004 Paris　MAP B7

☎ +33(0)1 48 04 07 04

🅰 34, rue François Miron 75004 Paris

☎ +33(0)1 42 77 34 22

🅰 30, rue Saint- Roch 75001 Paris

☎ +33(0)1 42 92 01 69

🅷 週二至週六 11：30～19：00，週一、週日休息

　　風，KAZÉ，是瑪黑區知名的日系風物小店，曾接受過包括VOGUE、MONDE、ELLE、MARIE CLAIRE等知名雜誌專訪，並入選巴黎流行好店。在瑪黑區擁有兩家分店，而日韓大本營OPÉRA區也設有一家分店。

　　在KAZÉ最有名也最受法國人喜愛的產品莫過於布料，充滿大和風情，購買方式是以1M作為單位計算，使用方式到法國人手裡倒不一定作成和服，也有圍巾、頭巾、腰帶或裝飾品等用途。許多知名演員、作家、歌手、哲學家都來這裡定裝；除布料之外，搭配和服的襪子、木屐、小手袋、零錢包也一應俱全。日本人注重茶道，因此在KAZÉ你也可以找到相關物品，如

茶壺、茶杯與品嚐點心用的盤子，質感絕佳，展現日本精緻的工藝技巧；此外目前在KAZÉ展出相當具有日本風情的系列產品，是由世界及日本最古老的小説──《源氏物語》所誕生的靈感，由日本京都知名製香公司SHOYEIDO INCENSE製造，以其中的篇章做為線香香氣的憑據，在點燃一炷香時也懷想光源氏和他一生中愛戀過的女子。

　　日本女店長木澤法子（Noriko Kizawa）於1987年創立KAZÉ第一家分店，藉由她選擇的手工藝品，推廣日本豐富的文化。全店商品皆是由她旅行日本時所選具代表性的產品進口巴黎。嫁給中國人的法子，除了本身對日本文化的自豪，也相當推崇中國文化，尤其為目前正消失中的文化擔憂，預計也將引進代表中國的文物添加在KAZÉ的店面之中。談起為何取名「風」，店長法子表示以前曾經營過一家餐廳，取名「東風」，因為覺得風這個字特別能帶來好運，因而保留至現在的店名。這股風也正代表了日式的生活美學，正吹向巴黎。

推薦小物：「風」KAZE線香（3.8€），這是日本京都一家製香公司SHOYEIDO INCENSE專門替KAZÉ量身訂作的線香，簡單的包裝、特殊迷人的芬芳，代表了「風」的美學。同樣是來自源氏物語的靈感。

# SO FRENCH
## 如此法蘭西

**A** 10, rue Jean du Bellay 75004 Paris　MAP B8

**T** ＋33(0)1 56 24 04 44

**H** 週一、週三至週日 11：00～20：00，週二休息

**W** www.sofrench.com

SO FRENCH，坐落在巴黎的市中心 聖路易島（Ile Saint-Louis），專賣法國各省特產，是旅遊法國不可錯過的手信店。

成立於2005年的SO FRENCH，天藍色店面在灰色的巴黎建築中顯得格外清新，除了店名不是法文外，全店商品都洋溢濃濃的法蘭西精緻風！包含了亞爾薩斯省獨特的橢圓形燉鍋、KOUGELHOPF蛋糕模型、諾曼地省的焦糖、南法馬賽的香皂、巴斯克區的布料產品、印有公雞圖案的餐具、鏽有字母的擦手巾、研磨胡椒罐、巧克力醬、各式水果口味的糖漿、海鹽。曾接受Maison Française雜誌、France5電視台的Question Maison節目專訪。

Sophie和Benoît Dumas夫婦當初之所以成立SO FRENCH的想法，在於介紹法國傳統的手工技藝與產品，並希望推廣他們所喜愛的事物。選擇商品的條件在於它的質感、美感，以及任何他們喜愛並樂於分享的有趣東西。也許這趟旅行你只計畫來巴黎，藉由逛逛SO FRENCH的店面，不也就像一場全法國的小旅行，打開你對法蘭西更寬闊的視野。

# Chapter 4
## ❧ LA MODE ❧
### 衣著原味

COSTUMISÉE PAR LIZA

FREE'P'STAR

L'ECLAIREUR

LOFT DESIGN BY

LOLLIPOPS

NOIR KENNEDY

SCOTLAND HOUSE

TRAZITA

VINTAGE

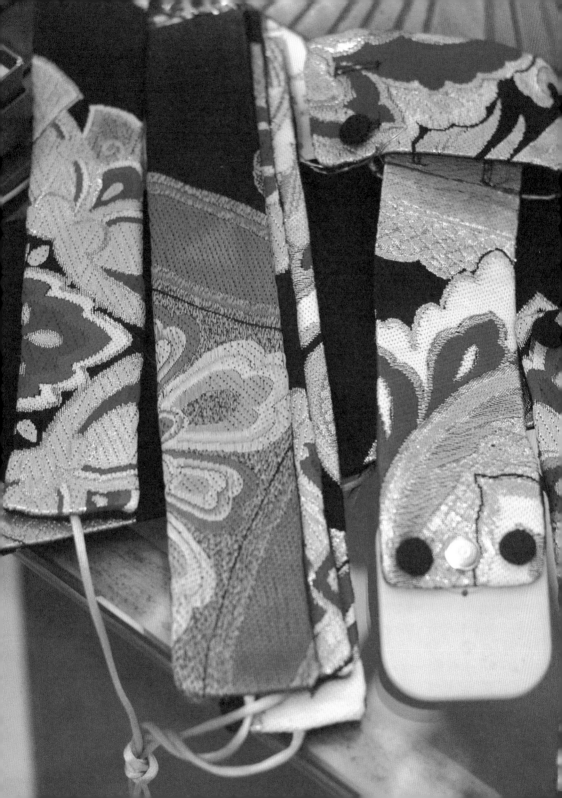

# COSTUMISEE PAR LIZA

## 拼貼主義

🅐 11, rue du Pont au Choux 75003 Paris　MAP E4

☎ +33(0)6 75 42 73 28

🆆 www.costumiseepar.com

　　LIZA ARICO的獨特拼貼服飾，是利用「再生」的概念，將許多單品元素拼貼、剪裁在衣服上，形成了獨一無二的商品。

　　將原本不相干的服飾單品湊在一起，是拼貼的概念，也因此擦出創意火花，這是LIZA工作室迷人的地方。小小的店面中，數量不多的服飾，卻件件獨特而令人驚嘆，連展示的衣架都是自己以不織布黏貼而成，可見LIZA店長的獨門創意與手工細緻。

　　成立於2004年，來自阿根廷的LIZA專門設計製作手工獨特服飾，例如紅皮草披肩，內裡是漫畫的圖案；玫瑰圖案的布包，上面繡了LA POSTE郵局的字樣；夢幻的長睡衣，繡滿了羽毛；LIZA運用想像與創意，設計她的服飾路線。每件單品幾乎是獨一無二的，也有系列是小量生產。LIZA也提供個人化的服務，若客人需要修改衣服、甚至他想要混搭自己的服裝，也可以請LIZA代勞。

　　LIZA與瑪黑網站「PARISMARAIS.COM」合作，推出印有皇室圖騰的T-shirt，印製有「VIP」的T-shirt是明星商品。

LA MODE

# FREE'P'STAR

## 古著二手流必選朝聖之地

🄰 8, rue Sainte-Croix de La Bretonnerie 75004 Paris　MAP C6

☎ ＋33(0)1 42 76 03 72

🄷 週一至週六 12：00～22：00，週日 14：00～22：00

在FREE'P'STAR購物，絕對會令你懷疑自己的眼睛，1歐元領帶、5歐元軍用外套、10歐元的LEVI'S 501、30歐元的大衣……別再猶豫，趕緊來FREE'P'STAR尋寶！

至今成立已屆滿十年有餘的FREE'P'STAR，是包含名導演蘇菲亞科波拉（Sofia Coppola）等藝人名流的愛店，日本、韓國、泰國、法國等媒體爭相報導，其魅力就在絕對搶手的價格和豐富的衣著選擇。坐落一條開創於十三世紀的街道，FREE'P'STAR主要是以古著、軍裝、皮衣、紳士帽等復古風衣著作為主打，絕對便宜的價格往往買了一袋還不滿一百歐元。店內服飾以七〇、八〇年代的風格服飾居多，也有配件可選擇，裝潢也帶有些復古意味。永遠擠滿人潮的FREE'P'STAR目前正計畫開拓另一家空間更大的分店，讓客人能更盡情盡興的挑選。

其他分店：

■61, rue de la Verrerie 75004 Paris　Map A5
+33(0)1 42 78 00 76
週一至週六11：00～21：00，
週日14：00～21：00
www.freepstar.com

FREE'P'STAR是絕對不可錯過的二手衣店

# L'ECLAIREUR
## 時尚尖兵・潮流名店

女裝FEMME

Ⓐ 3, rue des Rosiers 75004 Paris　MAP D6

☎ ＋33(0)1 48 87 10 22

男裝HOMME

Ⓐ 12, rue Malher 75004 Paris　MAP D6

☎ ＋33(0)1 44 54 22 11

🕐 週一至週六 11：00～19：00

🌐 www.leclaireur.com

本單元圖片提供／L'ECLAIREUR

經過薔薇街（Rue Des Rosiers）3號，精緻的櫥窗讓你停下腳步，走進店裡你以被古典而沉穩的裝潢風格吸引，再仔細一瞧，Balenciaga的機車包靜靜陳列櫃子一角，川久保玲的衣服掛在架上，還有更多名設計師及名品等待你發現，這就是瑪黑必逛的時尚聖地「L'ECLAIREUR」。

談起L'ECLAIREUR的歷史，時間得追溯至1980年。當時Martine和Armand Hadida，以有限的資金創立L'ECLAIREUR第一家分店，店址位於巴黎香榭大道26號，店面面積僅僅28M²，他們非常辛苦地經營夢想。Hadida夫婦的理念並不只在於販售時裝，定期更新、推出主題的商店櫥窗也是他們製造話題的手法，更重要是發掘新的創作者進入巴黎時尚圈，如安特衛普六君子系的Martin Margiela、Ann Demeulemeester、Dries van Noten、義大利品牌CP Company、Stone Island等，他們在未獲盛名前便已獲得L'ECLAIREUR推薦。擁有獨特精準的眼光，是讓L'ECLAIREUR二十餘年來奠定時尚界重要地位的關鍵。

在1990年，L'ECLAIREUR正式進駐瑪黑區，建立了面積達300M²的女裝店面，這也是首次他們開始玩弄時尚，將衣著與家具、裝飾及設計混搭在一起。漸漸L'ECLAIREUR成為服裝設計師們尋找靈感的出發點，也在國際間享有盛名。L'ECLAIREUR引進許多國際著名設計師的作品，包含日本設計師川久保玲的牌子Comme des Garçons、英國設計師薇薇安魏斯伍德Vivienne Westwood、義大利名牌

Missoni、Costume National、安特衛普六君子系的Ann Demeulemeester、Dries van Noten、美國「Project Alabama」阿拉巴馬洲計畫的手工包包、及素有「英國壞男孩」之稱的鬼才設計師Alexander McQueen。

2000年同樣於瑪黑區，L'ECLAIREUR成立了男裝部門，面積達200M2，位在Rue Malher，離Rue Des Rosiers的女裝部門只兩步之遠，進駐的品牌有Dries van Noten、Ann Demeulemeester、Martin Margiela、Comme des Gar?ons、Prada、Prada Sport、Cdiem、Carol Christian Poell、CP Company/Stone Island、Guaglianone、Corpo 9、Taille/Size、Giorgio Brato等等，和L'ECLAIREUR其他分店一樣有著時髦感。特殊的是，男裝店有個專櫃專門販售Diptyque的天然杯燭，這個創於1961的品牌是包含香奈兒首席設計師卡爾拉格斐（Karl Lagerfeld）、世界第一名模凱特摩絲（Kate Moss）、女星蘇菲瑪索（Sophie Marceau）、導演史蒂芬史匹柏（Steven Spielberg）等上流名人皆愛用的香氛。Diptyque與L'ECLAIREUR合作，推出了L'ECLAIREUR的限定杯燭。

2001年，L'ECLAIREUR再創話題，他們於巴黎二區勝利廣場（PLACE DES VICTOIRES）找到一間十八世紀的建築，你絕對意想不到高大而具有歷史感的門面之後，販賣的竟是些前衛新潮的設計師作品！包含C-Diem、L.M Altieri、Paul Harnden、Carol Christian Poell等等品牌，L'ECLAIREUR邀請你進入一座新宇宙，玩一場新舊混合的遊戲。而2006年，L'ECLAIREUR除了於東京南青山開設分店，也開創巴黎第五家分店，位於時尚名牌店聚集的聖多諾黑街區（Faubourg Saint-Honoré），從女裝、男裝的挑選到室內空間的設計都具有指標性，甚至附設了餐廳。更在2009年於瑪黑區創立450平方米有如小型博物館的店面。

「我希望，也是我一直期望的，是讓L'ECLAIREUR去發現某些特別類型的時尚，就算有時候這樣做是很困難的，我們也會繼續努力。」Armand Hadida表示。從草創的艱辛到帶領時尚潮流，L'ECLAIREUR代表的不僅是時尚聖地，亦是品牌成功的故事。

其他分店：

■40, rue Sévigné 75004 Paris　MAP D6
　+33(0)1 48 87 10 22
■8, rue Boissy d'Anglais 75008 Paris
　+33(0)1 53 43 03 70
■10, rue Hérold 75001 Paris
　+33(0)1 40 41 09 89
■26, boulevard Champs-Elysées 75008 Paris
　+33(0)1 45 62 12 32

# LOFTDESIGNBY
## 都市輕路線

Ⓐ 20, rue des Francs-Bourgeois 75003 Paris　MAP D6

☎ +33(0)1 42 78 62 95

🕐 週一至週六 11：00～19：00

🌐 www.loftdesignby.com

LOFT，原指工廠或倉庫，現在泛指敞開式的居家裝潢，也可稱為倉庫風格，起源於紐約蘇活區（SOHO）一些藝術家與設計師啟用廢棄的廠房，除了逃避昂貴的租金，也用於改建更為自由的使用空間，目前逐漸變成一種時尚的空間利用方式。這也是為何LOFT的店內擺設一些老舊的椅子、家具的概念，而LOFT藝術總監Patrick Frèch表示，「LOFT也是Là Ou Frèch Travaille的縮寫，」法文意思是指Frèch工作的地方。

LOFT的系列服飾是由Patrick提供靈感，而由旗下兩位服裝設計師協力完成。他表示除了服飾，自己對建築、藝術、家具與燈具也極有熱情，這點從他辦公室的裝潢佈置可以想見。被問起如何找尋設計靈感，他喜歡旅行感受不同的視野，喜歡在別的城市觀察年輕人如何著裝，觀察他們有什麼需求。「我在路上得到很多靈感！」Patrick表示。

「這是一個很巴黎人的品牌，也是一個城市化的品牌。」LOFT目前於瑪黑區擁有兩家分店，位於Rue Sévigné的第一家分店成立於1992年，而Rue Des Franc-Bourgeois的分店成立於2005年，走較為年輕的路線。LOFT經典的BASIC系列是暢銷商品，而冬季以克什米爾、絲質、羊毛杉，夏季以棉質服飾為明星商品，它提供你衣櫃裡正缺少的那件衣服。

# LOLLIPOPS

## 粉紅主義的可愛女人

**A** 2, rue des Rosiers 75004 Paris　MAP D6

**☎** +33(0)1 42 77 43 75

**H** 週一至週六 10：30～19：00，週日 11：00～19：30

**W** www.lollipops.fr

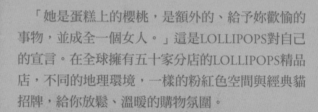

「她是蛋糕上的櫻桃，是額外的、給予妳歡愉的事物，並成全一個女人。」這是LOLLIPOPS對自己的宣言。在全球擁有五十家分店的LOLLIPOPS精品店，不同的地理環境，一樣的粉紅色空間與經典貓招牌，給你放鬆、溫暖的購物氛圍。

LOLLIPOPS品牌創立於1994年，由貿易商Yann Ducarouge與設計師Marjorie Mathieu共同創立，以華麗風格的包包、長短夾、圍巾、首飾迅速攻佔市場，如法國、義大利、瑞士、西班牙、希臘、以色列、葡萄牙、羅馬尼亞、蘇俄，都可以看到LOLLIPOPS的店面；亞洲部分，韓國、泰國、中國及台灣也都設有分店。

為何LOLLIPOPS能如此風行呢？除了走華麗風的包包款式，此外特別注重包包上的吊飾設計，例如品牌獨有的貓吊飾，加上流蘇、鑰匙、水鑽、甚至中國風珠珠的設計運用，是讓包包與眾不同的地方。

LOLLIPOPS推出一系列「LOLLIPOPS VOYAGE，LOLLIPOPS的旅行」，將包含東歐、拜占庭等各國文化融合，打造華麗的包包、配件，適合喜歡新奇古怪的你。此外LOLLIPOPS也不錯過秋冬正流行的豹

紋，推出從帽子、手套、娃娃鞋、皮
夾、包包都具備的豹紋系列，讓你全身
行頭都性感無比。

　選在瑪黑區Rue Des Rosiers 薔薇街
開店，除了感染瑪黑古典的氣息，
LOLLIPOPS也正如薔薇盛開而嬌豔。

# NOIR KENNEDY

## 甘迺迪的黑色衝擊

- ⚐ 12, rue du Roi de Sicile 75004 Paris　MAP C6
- ☏ ＋33(0)1 42 71 15 50
- 🕐 週一至週日 13：00～20：00

在瑪黑區成立已有四年的搖滾服飾店NOIR KENNEDY，於
2006年開立新店！
　　NOIR KENNEDY是瑪黑區首屈一指的前衛服飾店，在西西
里國王路上十二號及二十四號各擁有一間分店。

　　空間更寬敞、裝潢依然酷勁十足的NOIR KENNEDY，是瑪
黑區數一數二風格前衛的衣著服飾店，店內擺著兩台復古的
VESPA摩托車和一台老式的彈珠台、牆上裝飾著黑蜘蛛、骷
髏頭、染血的白洋裝……一轉身一具斷頭的模特兒倒在一尊
棺材裡，而高跟鞋在唱盤上轉動著！這是NOIR KENNEDY的
黑色幽默，加上韓國店長Joon所領導的視覺美學，衝擊出年
輕人酷炫的自我主義，你可以任選混搭自己想要的元素：五
○、六○年代的靴子、大衣、皮包、軍裝、洋裝等等，全然
自由！販售的品牌包括April 77、Cheap Monday、Merc、Ben
Sherman、Hells Bells、Doc Martens、Hübsch、Ludmilla……，
以及二手古著和T-shirt、龐克、搖滾風的物件。值得一提是
NOIR KENNEDY的換衣間，將倫敦紅色的電話亭搬來了巴
黎，讓你體會超人在電話亭換衣的感覺。

# SCOTLAND HOUSE
## 克什米爾毛衣部屋

A 24, rue du Roi de Sicile 75004 Paris　MAP C6

T ＋33(0)1 42 78 94 78

H 週二至週六 11：00～19：30，週一休息，十一月至十二月週日開放營業

想尋找一件100%的克什米爾毛衣，就到SCOTLAND HOUSE！

　這是間專門販售來自蘇格蘭、愛爾蘭毛衣的創意小店，入選巴黎流行好店，也曾接受FIGARO JAPAN、花子雜誌、日本JAL航空專題報導，是瑪黑區尋找克什米爾毛衣的唯一選擇。

　克什米爾、安哥拉、GREELONG、羊毛、LAMORA……各式溫暖材質製成的毛衣、圍巾、裙子，是SCOTLAND HOUSE的賣點。擁有二十年專業銷售克什米爾毛衣的店長Sam歡迎你詢問任何與克什米爾相關的採購意見，並提醒你如何保養心愛的克什米爾毛衣，要注意用冷水手洗，並添加適量的潤絲精清潔。

　學習藝術、以藝術家自居的店長Sam，在店內仍可看見他的作品，例如有Sam Francis風格的油畫，或抽象畫，或添加毛料的創意作品。此外，Sam並提供台灣讀者特殊的優惠，凡是到店購買兩件以上克什米爾毛衣，並秀出本書的讀者，都將獲得一份毛料手套或襪子，做為回饋贈禮。店內並可辦理退稅。

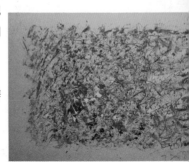

店長Sam的畫作，有Sam Francis的風格

# TRAZITA

## 人氣日本女設計師品牌

🅰 23, rue des Blancs Manteaux 75004 Paris　MAP B5

☎ +33(0)1 40 27 88 05

🕐 週一、週六 12：00～19：00，週二至週五 11：00～19：00，週日 14：00～19：00

🌐 www.trazita.com

　　TRAZITA，由日籍設計師Chikako Inoue創立於1997年的品牌。充滿創意卻也經典、製造與手藝並重、繁複和單純並行，這是TRAZITA的理念，目前在法國、英國、德國、荷蘭、瑞士、以色列都有商店。

　　來自日本筑波的Chikako Inoue，曾替唯一入選巴黎高級訂製服界的東方設計師森英惠工作，因此學得訂製服的良好手藝；然而Chikako認為訂製服固然高雅，但價格昂貴並不是每個人負擔得起，她希望開創一條價格較平易近人的路線，卻仍保存實在的手藝。正如設計師本人給人的親切感，談起工作則有專業的態度。從她的TRAZITA服飾系列，可以看出簡單而具質地的美感，作品多用赭石色、羊毛色、象牙色，質料則從絲質或毛料都有，適合成熟的女性。

　　店內注目商品則是「IKITABI粋足袋」，是靴子但腳趾分開。特殊的造型想法來自日本人穿著和服時搭配的襪子，Chikako將之改良加以現代化，不管是布製、皮製、或是加上日本和服的布料的款式，只需搭配上簡單的裙子或牛仔褲，就能非常有型。特別的是，在日本並買不到IKITABI靴子，這完全是從日本進貨過來而在法國加工製成。IKITABI的價格從60歐元起跳，視材質而價錢有所調整，以設計師品牌和它的舒適好走程度，絕對是值得選購的商品。尺碼從三十六號至四十六號，男女皆適穿。

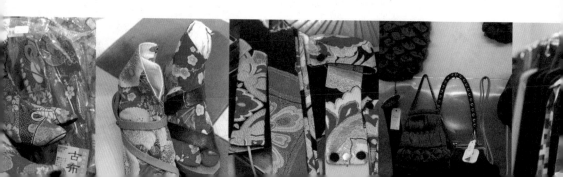

# VINTAGE
## 二手衣熱報

🅰 32, rue des Rosiers 75004 Paris   MAP C6

☎ ＋33(0)1 40 27 04 98

🕙 週一至週日 11：00〜22：00

91

英國學院風的格子呢絨帽、美好年代的毛衣都只要五歐元？在VINTAGE平價二手衣店你可以超低的價格入手時髦的二手衣。

收集自歐美各地五〇、六〇、七〇年代的服飾配件。各式裙子、洋裝、襯衫、靴子、大衣、圍巾、帽子、甚至軍裝、運動外套隨意擺放在店內角落等你挖寶。從事服裝業的店長Mehvamouz夫婦持續對服飾的熱情，開立這家二手古著店，強調衣物雖走復古風，卻是迎合現代年輕人的品味，是一個男女裝混合、新舊風格兼具的空間。7J/7J全天候無休息的營業，就等你來挖寶。

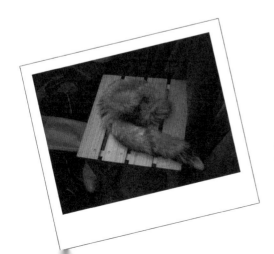

推薦小物：
毛皮圍巾（20€）

# Chapter 5

## ∽ LA CULTURE ∽

# 書寫藝術

BOOKBINDERS DESIGN

BOOKSTORMING

COMPTOIR DE L'IMAGE

MÉLODIES GRAPHIQUES

LIBRAIRIE DES ARCHIVES

MONA LISAIT

PAPIER+

i can keep a secret

BIRTH DAY BOOK

Don't FORGET TO WRITE

# BOOKBINDERS DESIGN
## 書寫斯德哥爾摩的秘密

A 53, rue Vieille du Temple　MAP C5

☎ ＋33(0)1 48 87 86 32

A 130, Rue du Bac 75007 Paris

☎ ＋33(0)1 42 22 73 66

🕐 週二至週六 11：00～19：30，週一、週日休息

W www.bookbindersdesign.com

　　Making Life Memorable！這是來自瑞典的文具品牌——BOOKBINDERS DESIGN的標語，如何紀錄生活，就從挑選他們豐富的紙製品開始。

　　成立於1927年，法國、挪威、葡萄牙、瑞士、澳洲、日本、馬來西亞、新加坡、紐西蘭、美國等地都有BOOKBINDERS DESIGN的分店，商品均是獨一無二從斯德哥爾摩製造進口，是尋找筆記本、素描本、相本、信封信紙、檔案夾、行事曆的好店。

　　I Can Keep A Secret！另一則標語活化了這裡的筆記本。BOOKBINDERS DESIGN擁有超過九百種以上的商品選擇，及二十種以上的色彩。這裡的明星商品是各色麻布筆記書，規格170 x 210mm，200頁，採100磅紙製成，定價21歐元。此外，相本的大小也有別於一般，除了長型、大規格，也有拉頁式的相本，極有創意。

# BOOKSTORMING
## 現代主義旋風

A 18-20, rue de La Perle 75003 Paris　MAP D5

T ＋33(0)1 42 25 15 58

H 週二至週六 14：00～18：00，週一、週日休息

W www.bookstorming.com

　談起當代藝術與建築書籍的主題書店，就是
BOOKSTORMING！

　創立於2003年，在法國擁有四間書店、身兼出
版社與藝術物品販售的 BOOKSTORMING，是
研究當代藝術的好去處。推開有著倉庫感的黑色
鐵門，以白色系為主的書店，門甚至是做成可推
式的柵欄有著些許現代藝術的意味。你可能被櫥
窗中奈良美智（Yoshitomo Nara）的夢遊娃娃吸
引，也可能想找一本安迪沃荷（Andy Warhol）
的作品集。或是由 BOOKSTORMING 本身出
版的書籍開始了解當代藝術：十把喚醒當代藝
術的鑰匙、六百四十五個當代藝術的好地點、
一百八十個當代藝術藝廊……。超過三千種以上
的書籍供你選擇，其中也包括他們首選的建築雜
誌 Archistorm、當代藝術雜誌 Eighty、Ninety、與
介紹藝術家的雜誌Air。

其他分店：

■FONDATION MAISON ROUGE
10 Bis, boulevard De La Bastille 75012 Paris
＋33 (0)1 43 43 02 76

# COMPTOIR DE L'IMAGE
## 影像櫃臺

🅐 44, rue de Sévigné 75003 Paris　MAP E6

☎ ＋33(0)1 42 72 03 92

🕒 週一至週六11：00~19：00，週日14：00~19：00

　　成立於1996年的COMPTOIR DE L'IMAGE是以流行、藝術與攝影為主的主題書店。

　　走進不大的書店空間，成堆的書籍讓室內剩下小小的通道，到處飄滿了書香。你可以在這裡找到VOGUE、W、BAZAAR等過期流行雜誌，不只是過去幾個月的，甚至是八〇年代、封面已泛黃的雜誌；這裡也蒐集不少流行典籍，包含重要設計師的介紹，例如Chanel、Dolce＆Gabbana、Kenzo、Versace、Marc Jacobs等；此外也有純藝術、當代藝術的書籍；而本行是攝影師的店長Michel Fink也蒐集數量相當的攝影集，他推薦美國攝影師Irving Penn的《*FLOWERS*》，是一本近攝花朵的攝影集。

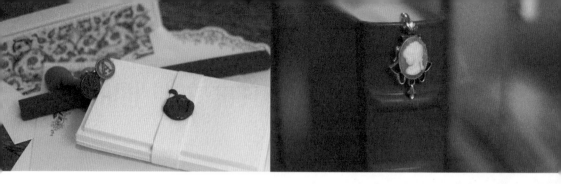

# MELODIES GRAPHIQUES
## 宮廷氣息的書寫小舖

**A** 10, rue de Pont Louis-Philippe 75004 Paris　MAP B7

**T** 33(0)1 42 74 57 68

**H** 週一至週六 11：00～19：00，週日休息

　　喜歡法國宮廷的浪漫氣氛嗎？那就來MÉLODIES GRAPHIQUES感受用鵝毛筆寫信的優雅！

　　這是巴黎找不出第二家的精緻小店，專門販售與書寫有關的商品：各式顏色的蠟燭搭配火漆印章，為你的情書蠟封秘密；拿起一枝鵝毛筆，或可替換筆頭的鋼筆、再挑一罐最喜歡顏色的墨水吧，書寫在帶有小牛皮香味的筆記本，或質感頂級的鏤空信紙上，再凌亂的字跡看來都是藝術。懷念書寫年代，就從挑剔品味開始。不僅於此，老闆Eric de Tugny還可以替你設計花體字，無論結婚、生日、升遷，都能將你的祝福化為美麗的圖像。

替蠟油蓋上金色的字樣，彷彿電影情節。

MELODIES GRAPHIQUES
有許多書寫相關的工具，例如鵝毛筆、墨水、與可替換筆頭的鋼筆。

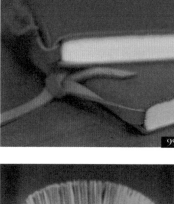

99

# LIBRAIRIE DES ARCHIVES
## 檔案書店

Ⓐ 83, rue Vieille du Temple 75003 Paris　MAP C5

☎ ＋33(0)1 42 72 13 58

🕐 週二至週六 12：30～19：00，週一、週日休息

Ⓦ www.librairiedesarchives.com

　　主題書店行之多年，成立於2001年，位於檔案街的LIBRAIRIE DES ARCHIVES正是其中一家以藝術、設計為主的書店。出身書店世家的店長 Stefan Perrier 原本不打算承襲衣缽，卻在嘗試了各種工作後，還是回到喜愛的書店一途。

　　推開書店的門，書香迎面而來，分類為純藝術、裝飾藝術、流行設計、珠寶設計……全是店長挑選與藝術有關的重要書籍，均是採買自出版社或國外，此外LIBRAIRIE DES ARCHIVES也配合巴黎目前的展覽，推出相關展示與介紹。並不是出身藝術的店長，藉由與藝術書籍、客戶的接觸，自然而然培養出自己的愛好與品味，「這是個互相交流的地方。」店長說。來買書參考靈感的攝影師，認識了在對街畫廊工作的畫家，而畫家的女朋友是三天後將進棚內的模特兒……，LIBRAIRIE DES ARCHIVES就是這樣一個充滿想像與交流的空間。就在檔案書店看書、選書，消磨一個寧靜的巴黎午後。

# MONA LISAIT
## 閱讀起義的折扣書店

Ⓐ 17 bis, rue Pavée 75004 Paris　MAP D6

☎ +33(0)1 48 87 78 17

Ⓐ 週一至週日 10：00～20：00

Ⓦ www.monalisait.fr

MONA LISAIT是有雙關語的店名，除了令人聯想到達文西的畫作「蒙娜莉莎」，它的法文意思正是MONA，閱讀，與它書店形象吻合。「我們希望它是個好記、好唸又帶點幽默的店名。」店長Pascal Ferreira表示。

第一家分店設立於1993年五月，在法國擁有八家分店的MONA LISAIT，是尋找藝術書籍不可錯過的好店。幾乎每天更新的不可思議折扣，是讓人買下愛書的誘因。每家MONA LISAIT除本身以藝術、文化做為書籍選擇的基礎，針對各分店所在地不同，也有相關變化，例如位於瑪黑區的MONA LISAIT，因為附近有著龐畢度中心，所以你可以找到當代藝術的書籍，特別針對最近的展覽也有相關的書籍、展品推薦與促銷；這裡離歐洲攝影博物館也不遠，因此收藏許多攝影集，翻翻那些巴黎黑白美景，讓你的旅途更有回憶

；你也可以在二樓找到與法國、巴黎相關的歷史書籍，因為卡那瓦雷—巴黎歷史博物館正在此區；此外，服裝、設計、建築、傳統繪畫也有相當數量的書籍可供參考。

LE DÉNICHEUR是MONA LISAIT發行的季刊，除了邀請知名作家寫專欄文章，也有目前的活動、展覽和近期選書及折扣介紹。三樓設有藝廊，定期展出藝術、攝影相關的展覽。

101

其他分店：

■CHÂTELET
9, rue Saint-Martin 75004 Paris
（第一家分店）
+33(0)1 42 74 03 02

■LES GRANDS BOULE-VARDS
7, Boulevard Bonne Nouvelle
75002 Paris
+33(0)1 42 33 69 27

■LES HALLES
Place Joachim du Bellay 75001
Paris
+33(0)1 40 26 83 66

■JUSSIEU
39, rue Jussieu 75005 Paris
+33(0)1 40 51 81 22

■SAINT-MICHEL
6, rue Danton 75006 Paris
+33(0)1 43 29 57 72

■VÉLIZY-VILLACOUBLAY
Centre Commercial Usine Center
78 Vélizy-Villacoublay
+33(0)1 39 46 30 65

■TOULON
224, Avenue de La Republique
83 Toulon
+33(0)4 94 09 14 58

LA CULTURE

# PAPIER+
## 空白筆記本專賣

🅐 9, rue de Pont Louis-Philippe 75004 Paris　MAP B7

☎ ＋33(0)1 42 77 70 49

🕐 週一至週六 12：00～19：00，週日休息

🆆 www.papierplus.com

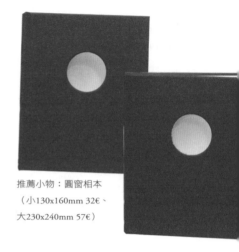

推薦小物：圓窗相本
（小130x160mm 32€、
大230x240mm 57€）

正尋找一本設計極簡、色彩鮮豔又質感絕佳的記事本嗎？走一趟PAPIER+吧。

　　位於塞納河畔小巷弄內，品牌創立已逾三十年的PAPIER+，是間走極簡主義風的文具紙品店。從1976年創立至今，一路堅持獨具風格的空白記事本，沒有條紋的干擾，書寫更加自由。由店長Denos Brunet接手後，他注重本子外衣麻布的顏色，為PAPIER+開發了更多色彩繽紛的相本、筆記本、信封信紙、檔案夾及包含色鉛筆、迴紋針等各式文具用品。

　　Denos表示，來這裡購買筆記本的多半是服裝設計師、攝影師等創意設計相關人員，他們喜歡無拘無束又質地良好的空白紙張，隨時紀錄到訪的靈感。此外，封面有著圓窗的相本是這裡的明星商品，造型簡單又帶有窺視的趣味。

# Chapter 6

## ∾LE MARAIS∾

### 有關瑪黑

## 瑪黑區歷史介紹

### 由沼澤新生的創意區域—瑪黑區

　　Marie-France Auffray曾經在他的著作《Le Marais》寫道：「瑪黑區是座小宇宙……它不是一個簡單的區域，它有自己的精神，有專屬的靈魂，它是一個非物質性的存在，是在鏡子另一邊的生活。」從原本無人問津的沼澤區域，演變至現今「巴黎的SOHO區」最多藝術工作者進駐的聖地，瑪黑區的確是引人入勝的一方天地。

　　Marais，瑪黑，法文原意是沼澤，如今成為巴黎最迷人的新興區域，保存有法國十六至十八世紀的建築。從前它原是個被嫌棄的區域，直到路易十四在此建立孚日廣場，十七世紀貴族們選於此建立豪宅府邸，讓瑪黑區開始有了朝氣。例如雨果在此長居十六年，書信作家薩賽維涅（Madame de Sévigné）夫人在與女兒長達四分之一世紀的書信來往中生動地描寫了瑪黑區的概況即於此時住入此區。而目前瑪黑區的建築能保存得如此完善，需要歸功於戴高樂時代的文化部長安得烈·馬勒侯（André Malraux），推動古蹟保存的法令，讓眾多古老的建築能於今日尚可得見。

　　瑪黑區的範圍，簡單來說概括了巴黎第三、第四區，大抵來說，東北方至與巴士底區（La Bastille）相隔的Boulevard Beaumarchais及Boulevard du Temple，而西邊則至Rue Beaubourg。

　　除了創意小店聚集，瑪黑區也是巴黎同志圈的中心。各式同性戀酒吧、咖啡館、商店，為此區帶來熱鬧的氣氛。逛街逛累的話，不妨就坐下來喝杯小酒或咖啡，感受一下瑪黑區熱鬧的氣氛吧！

## RUE DES ARCHIVES 檔案街

名字正式啟用於1874年，檔案街是由Rue Du Chaume、Rue Du Grand-Chantierrue、Des Enfants-Rouges及Rue Molay等四條道路合併而成，在十八世紀時便已存在。長達九百公尺的檔案街上存有許多古老的建築宅邸，例如No.38至No.42的賈克科爾（Jacque Coeur）宅邸，建於十五世紀，是巴黎第一棟磚造房屋；以及No.60的蘇比士宅邸（Hôtel Soubise），也是法國歷史博物館（Archives Nationales, Musée De L'Histoire De France）的另一個出入口。

## RUE BLANCS-MANTEAUX
### 白袍街

白袍街也曾叫做Rue De La Parcheminerie，意思是羊皮紙業街，因為此區過去曾是製造羊皮紙的地方。在1289年正式命名為白袍街，起因昔日居住此區修道院的僧侶的穿著。

漫步至白袍街底端與聖殿老街（Rue Vieille Du Temple）交會處有一棟大型建築，Espace Des Blancs-Manteaux白袍藝文空間，經常有藝術、創作相關的免費展覽。

★這條路上本書收錄的店：
No.23 TRAZITA（P.90）

## RUE DE BRETAGNE
### 布列塔尼街

布列塔尼街開鑿於1626年，由亨利四世（Henri IV）取名，起因他有個建立法國中心的計畫，於是將鄰近道路冠上法國外省的名字，如布列塔尼（Bretagne）、皮卡迪（Picardie）及波爾圖（Poitou）皆是如此。在No.41的農產市集Marché

① ②

③ ④

⑤

左頁：（由上至下）
①檔案街No.60的蘇比士宅邸
②白袍街一景
③白袍街與聖殿老街交會處
④白袍藝文空間外觀

右頁：（由上至下）
①布列塔尼街
②檔案街一景
③白袍街上的公園
④檔案街No.45一棟在1348年曾是醫院的古老建築
⑤建於1628年的Marché Des Enfants Rouges

Des Enfants Rouges建於1628年，當時稱為「瑪黑的市集」（Marché Du Marais）。

## RUE CHARLEMAGNE 查理曼街

查理曼街的起源來自一條十二世紀便存在的道路，1180年法皇奧古斯特菲力普（Philippe Auguste）為興建城牆而被一分為二。於十九世紀時確立了現在的名字，起因鄰近的一所查理曼高中（Lycée Charlemagne）。

★這條路上本書收錄的店：
No.3 POUR DE BON（P.30）
No.7 STUA（P.28）

## RUE CHARLOT 夏爾洛街

如今夏爾洛街及鄰近的波爾圖街（Rue Poitou）已成為瑪黑區中新興的創意街道，許多個性品牌及新潮服飾進駐，讓瑪黑區更添魅力。夏爾洛街命名來自一位在本區擁有多棟建築的商人Claude Charlot。十八世紀的政治家兼科學家Lazare Carnot亦曾在此居住。

★這條路上本書收錄的店：
No.18 LE BOUDOIR ET SA PHILOSOPHIE（P.50）
No.18 AL SOL DE MEXICO（P.62）

## RUE ELZÉVIR 埃爾澤菲爾街

開鑿於1545年，鄰近國家印務局的埃爾澤菲爾街，名字來自十七世紀荷蘭一個世代經營出版的望族。No.8有著荳農宅邸（Hôtel Donon），內有康納克傑博物館（Musée Cognacq-Jay）。

★這條路上本書收錄的店：
No.9 CSAO（P.64）

左頁：（由上至下）
①查理曼街一景
②No.101查理曼高中
③波爾圖街一景

右頁：（由上至下）
①夏爾洛街No.57的HÔTEL DE RETZ
②夏爾洛街一景
③埃爾澤菲爾街
④夏爾洛街如今是新興的創意商店聚集區
⑤波爾圖街一景

## RUE FRANÇOIS MIRON
### 法蘭索瓦米鴻街

　　此為瑪黑區眾多古老的道路之一，原是一條經塞納河右岸由巴黎通往Chelles和Sens的道路，於1865年由許多小路合併而成，命名來自一位任期1604年至1606年的巴黎市長。莫札特於1763年展開他首次旅行演奏，回程時停留巴黎就曾居住於此條街上。此條路上No.9與No.11可見到保存良好的中世紀房屋，No.68則有博偉宅邸（Hôtel De Beauvais）。

★這條路上本書收錄的店：
No.9 AZAG（P.10）
No.11 KAZÉ（P.72）
No.23 LE SENSITIVE ET FILS（P.71）No.29 SENTOU（P.21）

## RUE DES FRANCS-BOURGEOIS
### 法蘭克自由民街

　　於1868年合併三條道路，正式命名為Rue Des Francs-Bourgeois，此路上有許多重要建築與景點，例如No.1和No.19的孚日廣場（Place De Vosges）、No.14和No.16的卡那瓦雷博物館（Musée Carnavalet），及許多貴族宅邸，它也是穿越瑪黑區的主要道路之一。路上滿是餐廳、咖啡廳、時裝與流行商店，不喜歡人潮的話，絕對不要選在星期日來法蘭克自由民街，因為這裡是巴黎少數星期日合法營業的地點，因而吸引巴黎人和遊客散步於此，度過週日午後的時光。

★這條路上本書收錄的店：
No.20 LA CHAISE LONGUE（P.46）

①

## RUE PAVÉE 鋪石街

　　這條道路一部分從1235年就存在，目前的名字訂於十五世紀，它也是首先被鋪上石板路的道路之一。伏爾泰（Voltaire）的姪女Denis曾居住於此處。此外在No.10可看到由設計巴黎地鐵入口的吉瑪（Hector Guimard）所設計的猶太教堂。

★這條路上本書收錄的店：No.17 bis MONA LISAIT（P.101）No.18 L'OURS DU MARAIS（P.52）

## RUE DE LA PERLE沛兒街

　　十四世紀沛兒街是Rue De Thorigny的一部分。正式取名是在1575年，來自當時法國的網球商標PERLE。

　　No.1的布呂揚宅邸（Hôtel De Lebéral Bruant），是曾設計巴黎傷兵院的建築師布呂揚私宅，後來由Alfred Bricard所買下，興建收藏許多鑰匙與鎖頭布伊卡博物館（Musée Bricard）。

★這條路上本書收錄的店：No.18-20 BOOKSTORMING（P.96）

113

②

左頁：（由上至下）
①法蘭索瓦米鴻街上的古典建築
②法蘭索瓦米鴻街一景
③法蘭索瓦米鴻街No.68的博偉宅邸
④鋪石街古老的建築
⑤法蘭索瓦米鴻街上No.11與No.13中世紀的古老房屋
⑥法蘭索瓦米鴻街上的巷內，亦可見中世紀的建築

右頁：（由上至下）
①法蘭克自由民街一景
②No.24的HÔTEL D'ANGOULÊME

## RUE DU ROI DE SICILE
### 西西里國王街

　　這條路的命名由來是來自十三世紀羅馬一位拿坡里與西西里的國王，Charles D'Anjou。路上有許多值得一逛的有趣小店、餐廳、酒吧，從與Rue Malher相接處開始逛起，最後會接到靠近龐畢度中心、市政府的Rue De La Verrerie。

★這條路上本書收錄的店：
No.12 NOIR KENNEDY（P.86）
No.23 R'N'R VOLTAGE（P.59）
No.24 SCOTLAND HOUSE（P.88）
No.26 DE BOUCHE À OREILLE（P.39）

### RUE DES ROSIERS薔薇街

　　1230年薔薇街便已存在，名字來自當時街上遍植的薔薇。薔薇街可說是小猶太區，到處充斥著猶太麵包、糕餅店、餐廳與教會。最早於十三世紀便有猶太人遷入此區，而後則有來自波蘭和匈牙利、俄羅斯、阿爾及利亞的猶太人移入。星期假日，薔薇街上聚集了排隊購買猶太小食Fallafel的人潮，飄滿食物的香氣。

★這條路上本書收錄的店：
No.2 LOLLIPOPS（P.84）
No.3 L'ECLAIREUR（P.81）
No.32 VINTAGE（P.91）

## RUE SAINT- ANTOINE
### 聖安東尼街

　　做為巴黎最老的街道之一，聖安東尼街上有許多重要建築，例如No.62建於1624年的蘇里宅邸（Hôtel Sully），由曾一夜之間敗光家產的賭徒小托瑪（Petit Thomas）興建，而後由蘇里公爵買下重建。目前此為國家歷史古蹟管理局所在地。而No.101由拿破崙（Napoléon Bonaparte）一手創立於1804年的查理曼高中（Lycée Charlemagne）是必看歷史建築，斑駁的牆面散發古老的氣息。

★這條路上本書收錄的店：
No.92 LA VAISSELLERIE（P.48）
No.93 COMTESSE DU BARRY（P.38）

左頁：（由上至下）
①西西里國王街一景
②命名由來是來自十三世紀羅馬一位拿坡里與西西里的國王的西西里國王街
③位於聖安東尼街No.99的Saint-Paul Saint-Louis教堂有著巴洛克風格

右頁：（由上至下）
①飄著食物香的薔薇街
②聖安東尼街一景
③聖安東尼街No.17的教堂Sainte-Marie
④聖安東尼街No.62的蘇里宅邸

## RUE SAINT-PAUL 聖保羅街

　　建於1350年時聖保羅街已使用這個名字，其中No.5曾是文豪薩德侯爵（Marquis de Sade）與Collette小姐享用晚餐的宅邸。命名取自位於此路上的一間教堂。如今Rue Saint-Paul四周有許多藝術相關的商店，他們並組成了一個Saint-Paul藝術村，起初以舊貨古董為主，後來也開放其他類型店家進駐，包含家具及燈具、室內裝潢、工業設計、玩具等創意店家，就由Rue Saint-Paul的小巷走入，可通往Saint-Paul藝術村核心，寧靜的天地與氣氛迷人的商店頗值得花上一個下午散步。

★這條路上本書收錄的店：
No.5 bis SISMO DESIGN（P.26）
No.11 NIOU（P.56）
No.21 EW（P.40）
No.35 AS'ART（P.63）
No.49 AUX COMPTOIRS DU CHINEUR（P.36）

## RUE SAINT-CROIX DE LA BRETONNERIE
### 聖十字布列塔尼街

　　建立於1230年，這條聖十字布列塔尼街（Rue Saint-Croix De La Breton nerie），如今是同性戀大本營，此路上有著同性戀書店及多間酒吧、服飾店。

★這條路上本書收錄的店：
No.8 FREE'P'STAR（P.80）

## RUE DE SÉVIGNÉ薩維涅街

薩維涅街建於1544年，命名於1867年，是為了紀念曾居住住此區的名人，薩維涅侯爵夫人（Marie de Rabutin-Chantal，1626-1696）。這位十七世紀偉大的女作家之一，在其年輕的寡居歲月中，曾居住在她最鍾愛的瑪黑區卡那瓦雷宅邸（Hôtel Carnavalet）長達二十年，她生後留下許多與愛女往來的信件，充滿機智與生動的句子。

★這條路上設計瑪黑收錄的店：
No.12 MATIÈRE PREMIÈRE（P.55）
No.38 ISAAC REINA（P.20）
No.44 COMPTOIR DE L'IMAGE（P. 97）

## RUE DE TURENNE 突漢街

做為瑪黑區主要道路之一，突漢街，正式命名於1865年，來自一位在此路上擁有宅邸的爵士之名。這條道路上盡是男士的西服、襯衫、領帶、皮帶店。

★這條路上設計瑪黑收錄的店：
No.12 ARGENTERIE DE TURENNE（P.34）

左頁：（由上至下）
①Saint-Paul藝術村一景
②小巷通往Saint-Paul藝術村
③薩維涅街一景
④典雅迷人的Saint-Paul藝術村

右頁：（由上至下）
①Saint-Paul藝術村的歷史說明
②只要看到商家掛上這個旗幟便是隸屬於Saint-Paul藝術村
③聖十字布列塔尼街，是同性戀大本營

## RUE VIEILLE DU TEMPLE
### 聖殿老街

在《達文西密碼》一書中，聖殿騎士團寶藏是重要的秘密，而聖殿騎士團在歐洲有很長的歷史，Rue Vieilledu Temple便與之相關。1270年時這條路曾經叫做Vieille Rue Du Temple，名字來由是當時駐紮在此的聖殿騎士們，如今它成為縱貫瑪黑區的重要道路之一。No.87的侯昂宅邸（Hôtel De Rohan），於十八世紀由建築師德拉梅Delamair替史特拉斯堡樞機主教所建造設計，其中的門上有著Robert Le Lorrain著名的雕刻，阿波羅之馬（Les Chevaux d'apollon）。

★這條路上本書收錄的店：
No.29 L'ATELIER DU SAVON（P.44）
No.45 FIESTA GALERIE（P.67）
No.53 BOOKBINDERS DESIGN（P.95）
No.83 LIBRAIRIE DES ARCHIVES（P.100）

### No.3 RUE VOLTA 伏塔街三號

在地鐵3/11號線Arts-et-Métiers附近有許多中國餐館，伏塔街便是其中一條通往餐館的道路。在其上的No.3可說是個指標性的地標，它是巴黎最古老的建築之一，被認為建於1300年，但於17世紀時曾整修過。這棟半木造的四層樓建築，表現了中世紀巴黎的建築特色，是古老瑪黑區的焦點。有趣的是，其一樓店面目前是間中式家庭理髮店，在巴黎最古老的房屋內理髮也許更有一番趣味。

①

②

① ②

③

左頁：（由上至下）
①聖殿老街一景
②古老的聖殿老街，與騎士團有關

右頁：（由上至下）
①伏塔街三號，巴黎最古老的建築之一
②聖殿老街亦充滿了人潮
③聖殿老街一景

## 瑪黑區景點與博物館

**ARCHIVES NATIONALES HÔTEL DE SOUBISE（MUSÉE DE L'HISTOIRE DE FRANCE）**

### 蘇比士宅邸-法國歷史博物館

60 RUE DES FRANCS-BOURGEOIS 75003 PARIS

33(0)1 40 27 60 96

週一至週五10：00-12：30／14：00-17：30，週六、週日14：00-17：30，週二休息

　　1705年為侯昂王妃建立的宅邸，現為國家檔案資料館與法國歷史博物館，展品包括拿破崙的遺囑。

**ATELIER BRANCUSI**

### 布朗庫西工作室

19 RUE BEAUBOURG 75004 PARIS

週一至週六14：00-18：00

　　布朗庫西（1876-1957）是二十世紀現代主義塑的先驅及本世紀最偉大的雕刻家之一，羅馬尼亞籍，長期活動於法國。著名作品如《吻》。他將作品捐贈給法國，附帶是需還原其工作室，地址就位在龐畢度中心前的廣場上，可參觀其雕塑與攝影作品、工具及私人藏書。

**CENTRE POMPIDOU CENTRE NATIONAL D'ART ET DE CULTURE GEORGES POMPIDOU 龐畢度中心**

PLACE GEORGES POMIDOU 75004 PARIS

33(0)1 44 78 12 33

週一至週日11：00-21：00

週二休息

www.centrepompidou.fr

　　了解現代藝術必參觀的博物館，收藏四萬餘件的展品。並有附設圖書館、書店。

①
②
③
④
⑤

① ② ③ ④

## MUSÉE D'ART ET D'HISTOIRE DU JUDAÏSME
### 猶太教藝術與歷史博物館

71 RUE DU TEMPLE 75003 PARIS

33(0)1 53 01 86 60

週一至週五11：00-18：00

週日10：00-18：00

## MUSÉE DES ARTS ET MÉTIERS
### 美術與工藝博物館

60 RUE DU RÉAUMUR 75003
PARIS MAPB1-C1

33(0)1 53 01 82 00

週二至週日10：00-18：00，週四
延長至21：30，週一及例假日休息
www.arts-et-metiers.net

## MUSÉE BRICARD
## HÔTEL LIBÉRAL BRUANT
### 布伊卡鑰匙博物館-布呂揚宅邸

1 RUE DE LA PERLE 75003 Paris

33(0)1 42 77 79 62

週二至週五10：00-12：00／
14：00-17：00，週一、週六週日
及例假日休息

　為設計巴黎傷兵院的建築師布呂
揚私宅，後為布伊卡買下，改建為
鑰匙博物館。

## MUSÉE CARNAVALET
## MUSÉE DE L'HISTOIRE DE PARIS
### 卡那瓦雷博物館-巴黎歷史博物館

23 RUE DE SÉVIGNÉ 75003 PARIS

33(0)1 44 59 58 58

週二至週日10：00-18：00
週一及例假日休息

　卡那瓦雷博物館展出法國大革命
前的巴黎歷史，大部分以時代畫分
展品。這裡有薩維涅夫人藝廊，收
藏這位曾居住此區的名人女作家與
女兒的書信。

左頁：
①龐畢度中心
②美術與工藝博物館的外觀
③美術與工藝博物館內部的雕像
④布呂揚宅邸
⑤美術與工藝博物館外的雕像

右頁：
①龐畢度中心旁的史特拉汶斯基
動態噴泉
②康納克-傑博物館的標示牌
③康納克-傑博物館外觀
④卡那瓦雷博物館的外觀

## MUSÉE COGNACQ-JAY HÔTEL DE DONON

康納克-傑博物館-荳農宅邸

8 RUE ELZÉVIR 75004 PARIS

33(0)1 40 27 07 21

週二至週日10：00-17：40

週一及例假日休息

　此博物館為創辦撒瑪利丹百貨公司的康納克（Ernest Cognacq）與其妻傑（Louise Jay）的收藏，保存於建立自1575年的荳農宅邸。

## HÔTEL DE SULLY 蘇里宅邸

62 RUE SAINT-ANTOINE 75004 PARIS

33(0)1 42 74 47 75

週二至週五12：00-19：00，

週六、週日10：00-19：00，

週一休息

## MAISON EUROPÉENNE DE LA PHOTOGRAPHIE 歐洲攝影中心

5-7 RUE DE FOURCY 75004 PARIS

33(0)1 44 78 75 00

週三至週五11：00-19：45，

週一、週二及例假日休息

http://www.mep-fr.org

## MEMORIAL DE LA SHOAH MUSÉE CENTRE DE DOCUMENTATION JUIVE CONTEMPORAINE

猶太資料中心

17 RUE GEOFFROY-L'ASNIER 75004 PARIS

33(0)1 42 77 44 72

MÉTRO SAINT-PAUL

週日至週五10：00-18：00，週四延長至22：00，週六休息

## MUSÉE DE LA MAGIE ET LA CURIOSITÉ 魔術博物館

11 RUE SAINT-PAUL 75004 PARIS

MÉTRO SAINT-PAUL
33(0)1 42 72 13 26
週三及週六、週日14：00-19：00

## MUSÉE PICASSO畢卡索博物館
5 RUE DE THORIGNY 75003
PARIS
33(0)1 42 71 25 21
週一至週日9：30-17：30
週二休息
http://www.musee-picasso.fr

## MUSÉE DE LA POUPÉE
### 洋娃娃博物館
IMPASSE BERTHAUD 75003 PARIS
33(0)1 2 72 73 11
週二至週日10：00-18：00
週一及例假日休息
http://www.museedelapoupeeparis.
com
　　私人博物館展出收藏自十九世紀
的娃娃，亦有商店販售各式娃娃的
零件、服裝及道具。

## MAISON DE VICTOR HUGO
### 雨果紀念館
6 PLACE DES VOGES 75004 PARIS
33(0)1 42 72 10 16
週二至週日10：00-17：40，週一
及例假日休息
　　撰寫《悲慘世界》的雨果曾於
1832年至1848年居住在這裡。

## PLACE DES VOSGES孚日廣場
PLACE DES VOGES 75004 PARIS
　　被雨果譽為歐洲最美的廣場，是
逛瑪黑區不可錯過的景點。

## SQUARE DE TEMPLE 聖殿廣場
　　為舊時聖殿騎士駐紮的地方，如
今為販售廉價服飾的市場。

左頁：
①歐洲攝影中心展覽的作品
②聖殿廣場外觀
③畢卡索博物館外的掛報
④畢卡索博物館外觀

右頁：
①洋娃娃博物館
②孚日廣場
③通往畢卡索博物館的朵西尼廣場

LACULTURE

# LE LISTE DES MAGASINS
商店列表

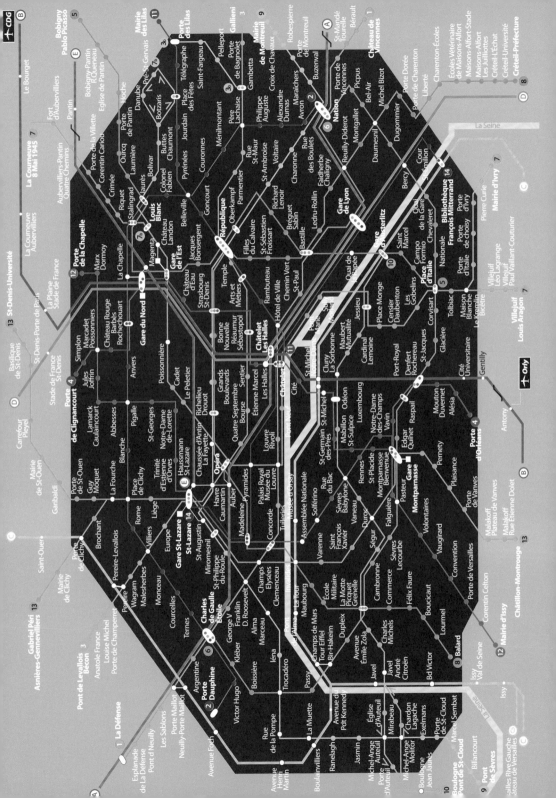

國家圖書館出版品預行編目 (CIP) 資料

到巴黎瑪黑找創意 / 姚筱涵著. -- 第一版. -- 臺北市：樂果文化，
2011.05
　　面；　公分. -- (樂繽紛；1)

　　ISBN 978-986-87092-2-5(平裝)

　　1.旅遊　2.商店　3.法國巴黎

742.719　　　　　　　　　　　　　　　　　　　100006797

樂繽紛001
# 到巴黎瑪黑找創意

■■■■　　■■　　　■■■■

作　　者 / 姚筱涵
行銷企劃 / 張蘭詠
封面設計 / 隨走自由平面設計
內頁設計 / 姚筱涵
攝　　影 / 姚筱涵

出 版 者 / 樂果文化事業有限公司
社　　址 / 台北市114內湖區文德路210巷30弄25號
讀者服務專線 / (02)2545-3977
傳　　真 / (02)2545-7773
劃撥帳號 / 50118837　樂果文化事業有限公司

印 刷 廠 / 前進彩藝有限公司
總 經 銷 / 紅螞蟻圖書有限公司
地　　址 / 台北市114內湖區舊宗路二段121巷28‧32號4樓
電　　話 / (02)2795-3656
傳　　真 / (02)2795-4100

出版日期 / 2011年5月第一版
定　　價 / 250元
Ｉ Ｓ Ｂ Ｎ / 978-986-87092-2-5

◎本書如有缺頁、破損、裝訂錯誤，請寄回本公司更換